타노시이

STEP 4 일본어

타노시이 일본어 STEP 4

지은이 넥서스콘텐츠개발팀
펴낸이 안용백
펴낸곳 (주)도서출판 넥서스

초판 1쇄 발행 2010년 8월 10일
초판 2쇄 발행 2010년 8월 15일

출판신고 1992년 4월 3일 제311-2002-2호
121-840 서울시 마포구 서교동 394-2
Tel (02)330-5500 Fax (02)330-5555

ISBN 978-89-6000-804-5 18730
978-89-6000-805-2 18730(세트)

가격은 뒤표지에 있습니다.
잘못 만들어진 책은 구입처에서 바꾸어 드립니다.

www.nexusbook.com
넥서스Japanese는 (주)도서출판 넥서스의 일본어 전문 브랜드입니다.

즐거운
일본어 수업을
위한

타노시이 たのしい 일본어

STEP 4

넥서스콘텐츠개발팀 지음
문광자 감수

넥서스 JAPANESE

추천의 글

여러분이 일본어 공부를 시작하게 된 계기는 무엇입니까?

요새는 학업이나 일과 관계없이 일본 애니메이션, 드라마, 음악 등 자신의 관심 분야 때문에 일본어를 공부하는 사람이 많은 것 같습니다. 일본 만화나 소설 등의 한국어 번역본으로는 뭔가 부족한 느낌이 들어 일본어로 된 원서를 읽고 싶어한다거나, 일본 드라마를 좋아해서 자막 없이 드라마를 보고 싶어 하는 사람도 있습니다. 이렇게 자신이 좋아하는 것으로 공부를 하면, 처음에는 조금 어려울지라도 공부하면 할수록 점점 재미를 느끼게 될 것입니다.

예를 들어, 일본 드라마로 일본어를 공부할 경우 처음에는 말이 귀에 잘 안 들어오더라도 그냥 포기하지 말고 한번 들어 보십시오. 듣다 보면 아는 단어가 한두 개씩 들리기 시작할 것이고 그러다 귀가 열리고 말문이 트이게 되는 것입니다. 일본어 자막으로 보는 경우에도, 히라가나뿐만 아니라 가타카나나 한자를 모르면 내용을 파악하기가 어려울지도 모릅니다. 하지만 이것은 자연스러운 일본어를 익히기 위해 매우 중요한 과정입니다.

『타노시이 일본어』에서는 이런 점들을 고려하여, 학습자 여러분이 흥미를 가지고 공부할 수 있도록 하고 자연스러운 일본어를 구사할 수 있도록 하는 데 초점을 두었습니다. Dialogue를 통해 자연스러운 회화를 익힐 수 있으며, Listening Training을 통해 초급 단계에서 간과하기 쉬운 듣기 연습도 같이 할 수 있습니다. 또한 Pattern Practice의 연습 문제들을 통해 Dialogue에서 배운 문법을 확실하게 익힐 수 있으며, Reading Quiz에서는 앞에서 배운 내용을 다시 한번 확인, 정리해 볼 수 있을 것입니다. Reading Quiz의 일기를 참고로 하여 여러분도 일기를 써 보면 어떨까요? 매일 한 줄, 두 줄이라도 괜찮습니다. 외국어를 공부할 때 가장 중요한 것은 꾸준히 하는 것이니까요.

매일 조금씩이라도 일본어를 공부하십시오. 실력이 늘지 않는 것 같아 보여도 하루하루 조금씩 내공이 쌓이고 있을 것입니다. 도중에 힘들어서 포기하고 싶은 유혹에 빠지더라도 초심으로 돌아가 열심히 합시다. 일본어는 공부하면 할수록 어렵다고들 하지만, 공부하면 할수록 그만큼 재미도 커질 것입니다.

감수자 문광자

머리말

일본어, 좀 쉽고 편하게 배울 수 없을까요?

이는 모든 외국어 학습자들이 공통적으로 갖고 있는 생각일 것입니다. 하지만 세상에 쉬운 것은 없습니다. 쉽고 편하게 배운 것은 쉽게 잊어버리기도 합니다. 특히 외국어 학습은 꾸준히 해야 합니다.

그럼, 일본어를 어떻게 공부해야 잘할 수 있을까요?

정답은 동기 부여와 흥미 유발에 있습니다. 먼저 자신이 왜 일본어를 공부하는지, 일본어를 잘하게 되면 무엇을 하고 싶은지 스스로에게 물어보십시오. 그리고 목표를 세웠으면 그 속에서 자신만의 재미를 찾아야 합니다. 일본어를 공부해서 일본 드라마를 자막 없이 보고 싶다, 일본 여행을 가고 싶다, 일본어능력시험에 도전해 보고 싶다 등 일본어를 공부하는 목적은 각각 다를 것입니다. 하지만 어떤 목적으로 일본어를 공부하든지 자신의 목표를 가슴에 새기면서 공부한다면 일본어 공부가 점점 재미있어질 것입니다.

일본어는 우리말과 어순이 같아 다른 외국어보다 쉽게 배울 수 있습니다. 하지만, 다음 세 단계에서 일본어 공부를 포기하는 학습자들을 많이 볼 수 있습니다.

1. 도무지 외워지지 않는 히라가나와 가타카나
2. 읽는 법과 뜻이 여러 가지인 일본어 한자
3. 그룹별로 형태가 다른 일본어 동사 활용

이러한 벽에 부딪혔을 때, 다시 한번 자신의 목표를 떠올리며 마음을 굳게 다잡읍시다. 이 고비만 넘긴다면 나머지 기본 문법 과정은 무난하게 마스터할 수 있습니다.

매일 단 10분이라도 꾸준하게 공부해 보세요. 진정한 노력은 절대 여러분을 배신하지 않을 것입니다. 이 책이 일본어 공부를 시작하는 여러분의 열정을 더욱 세차게 타오르게 하는 촉매제가 되기를 바랍니다.

구성 및 특징

Dialogue

한 Unit에 두 개의 짧은 Dialogue가 들어 있습니다. 일본 드라마나 애니메이션에서 본 것 같은 캐릭터들이 등장하여 코믹한 대화를 이어갑니다.

Grammar in Dialogue

각 Dialogue에 쓰인 문법을 바로 옆 페이지에서 확인할 수 있도록 정리하였습니다. 한 Unit에서 배우는 문법량을 최소화하여 부담없이 학습할 수 있도록 하였습니다.

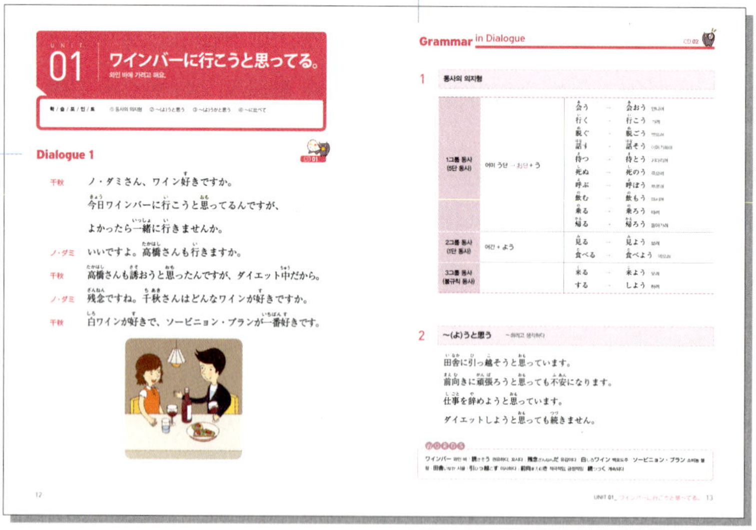

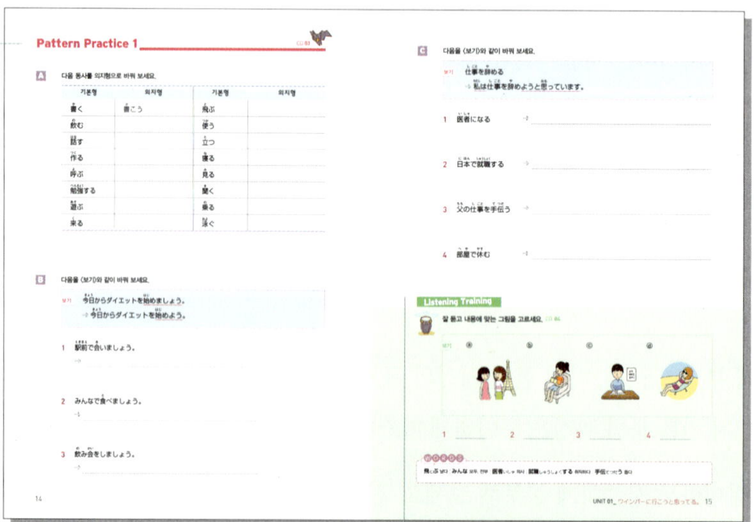

Pattern Practice

각 Dialogue에 나온 핵심 패턴을 활용하여 연습해 보는 코너입니다. 일상생활에서 자주 접할 수 있는 실용적인 회화체 예문으로 되어 있어, 자연스럽게 회화 실력을 키울 수 있습니다.

Listening Training

Dialogue와 Grammar in Dialogue, Pattern Practice에서 배운 내용을 듣기 문제를 통해 다시 한번 확인해 봅시다.

Writing Note

일본어 학습자들이 가장 어려워하는 것 중에 하나가 바로 한자입니다. 앞에서 배운 한자 중에서도 가장 중요한 한자만을 골랐습니다. 한자를 필순에 따라 쓰면서 외워 봅시다.

Speaking Tool Box

회화에 필요한 보충 어휘를 익히거나 롤플레잉 할 수 있는 코너입니다. 회화 실력을 키우고 앞에서 배운 내용을 확실하게 내 것으로 만들 수 있습니다.

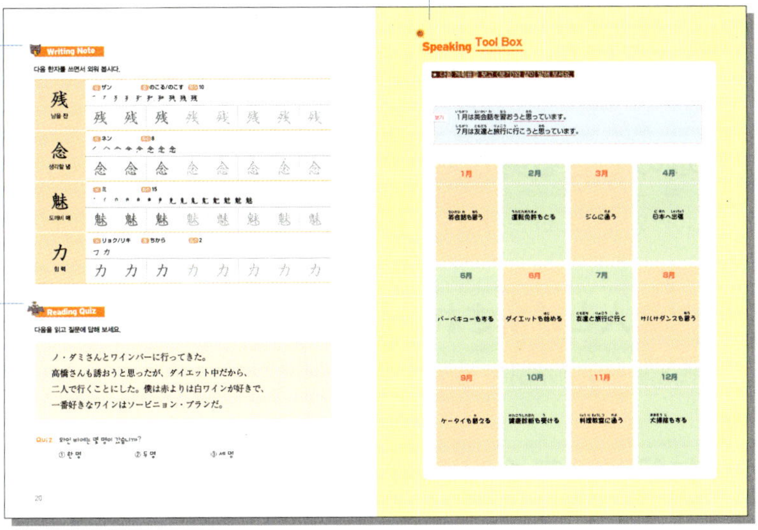

Reading Quiz

앞의 Dialogue와 관련된 내용의 일기입니다. 누구의 일기인지 생각하면서 읽어 보세요. Dialogue를 확실하게 익혔다면 이 부분은 어렵지 않을 것입니다. 그리고 내용을 제대로 이해하였는지 간단한 퀴즈를 통해 확인해 보세요.

타노시이일본어 Step4 WORKBOOK

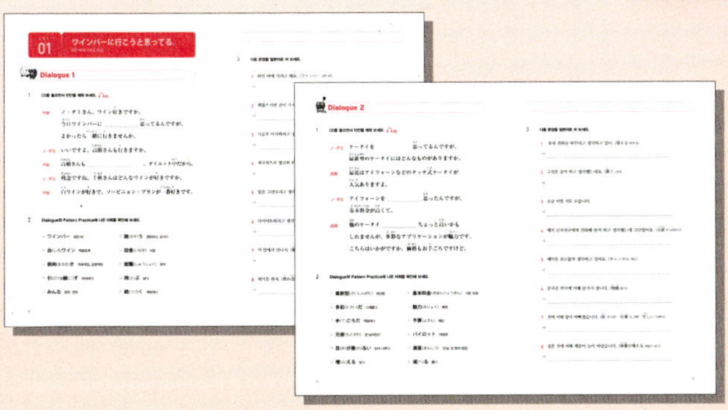

이 워크북은 본책에서 배운 내용을 복습하는 데 활용할 수 있습니다. 각 과의 주요 어휘가 정리되어 있어 들고 다니면서 외울 수 있습니다. Dialogue를 듣고 써 보는 딕테이션 훈련을 할 수 있으며, 본책에 나온 문장들을 작문해 볼 수도 있습니다.

목차

ノ・ダミ 노다미

생년월일 : 1985년 4월 20일

어릴 적 꿈은 피아니스트였지만, 대학을 갓 졸업하고 일본계 기업인 다나카상사의 한국 법인에 취직한다. 출근 첫 날, 같은 사무실 선배인 치아키를 보고 한눈에 반해 버린다. 사무실에는 본인 빼고는 모두 일본인이어서 요즘 일본어 공부에 열을 올리고 있다. 일본어를 공부하기 시작한 것은 대학 때 교환학생으로 왔던 일본인 학생 가오루와 친구가 되면서이다. 예전에 일본에 놀러 갔을 때는 서투른 일본어로 무척 고생을 했었지만, 직장인이 되어 여름 휴가 때 일본에 갔을 때는 일취월장한 실력을 발휘한다.

千秋 치아키

생년월일 : 1979년 12월 24일

노다미의 회사 선배. 4년 전에 다나카상사의 한국 법인으로 파견되면서 한국에 왔다. 비행기 공포증이 있어 한국에 올 때도 배를 타고 건너왔다고 전해진다. 샤프한 외모의 소유자로, 사내 여직원들에게 인기 넘버원이다. 반면에 남직원들에게는 질투의 대상으로, 그의 업무 능력을 인정하는 다누마 부장과 같은 부서 후배인 다카하시를 제외하고는 특별히 친한 남자 동료가 없다. 그의 까칠한 성격은 노다미를 만나면서 조금씩 부드러워지고 있어 그나마 다행! 이상형은 예쁘고 상냥한 여성이다.

高橋 다카하시

생년월일 : 1981년 6월 26일

노다미의 회사 선배. 1년 전에 다나카상사의 한국 법인으로 발령이 나서 한국에 왔는데, 아직은 한국 생활이 낯설고 외롭다. 그 빈자리를 채우기 위해 먹는 것에 집착하다 보니 한국 생활 1년 만에 체중이 10킬로그램이나 늘어, 요새 열심히 다이어트를 하고 있다. 게임을 좋아하며 오타쿠 기질이 있다.

田沼部長 다누마 부장님

생년월일 : ?

노다미의 직장 상사. 별명은 タヌキ(너구리)이다. 다나카상사 한국 법인에서 꽤 오랫동안 근무한 것으로 알려져 있으나, 얼마나 한국에 있었고 나이가 어떻게 되는지 아무도 모른다. 개인적인 생활도 철저하게 비밀에 부치고 있다. 나름 신비주의 콘셉트라나? 대머리를 가발로 가리고 있다는 소문이 있으나, 소문만 무성할 뿐 확인된 바는 없다.

타노시이일본어 STEP 4

UNIT 01

ワインバーに行こうと思ってる。

와인 바에 가려고 해요.

학 / 습 / 포 / 인 / 트 ① 동사의 의지형 ② ~(よ)うと思う ③ ~(よ)うかと思う ④ ~に比べて

CD 01

Dialogue 1

千秋　ノ・ダミさん、ワイン好(す)きですか。
今日(きょう)ワインバーに行(い)こうと思(おも)ってるんですが、
よかったら一緒(いっしょ)に行(い)きませんか。

ノ・ダミ　いいですよ。高橋(たかはし)さんも行(い)きますか。

千秋　高橋(たかはし)さんも誘(さそ)おうと思(おも)ったんですが、ダイエット中(ちゅう)だから。

ノ・ダミ　残念(ざんねん)ですね。千秋(ちあき)さんはどんなワインが好(す)きですか。

千秋　白(しろ)ワインが好(す)きで、ソービニョン・ブランが一番(いちばん)好(す)きです。

1 동사의 의지형

구분	활용	예
1그룹 동사 (5단 동사)	어미 う단 → お단 + う	会(あ)う → 会(あ)おう 만나려
		行(い)く → 行(い)こう 가려
		脱(ぬ)ぐ → 脱(ぬ)ごう 벗으려
		話(はな)す → 話(はな)そう 이야기하려
		待(ま)つ → 待(ま)とう 기다리려
		死(し)ぬ → 死(し)のう 죽으려
		呼(よ)ぶ → 呼(よ)ぼう 부르려
		飲(の)む → 飲(の)もう 마시려
		乗(の)る → 乗(の)ろう 타려
		帰(かえ)る → 帰(かえ)ろう 돌아가려
2그룹 동사 (1단 동사)	어간 + よう	見(み)る → 見(み)よう 보려
		食(た)べる → 食(た)べよう 먹으려
3그룹 동사 (불규칙 동사)		来(く)る → 来(こ)よう 오려
		する → しよう 하려

2 ~(よ)うと思う　~하려고 생각하다

田舎(いなか)に引(ひ)っ越(こ)そうと思(おも)っています。

前向(まえむ)きに頑張(がんば)ろうと思(おも)っても不安(ふあん)になります。

仕事(しごと)を辞(や)めようと思(おも)っています。

ダイエットしようと思(おも)っても続(つづ)きません。

WORDS

ワインバー 와인 바 | **誘**さそ**う** 권유하다, 꼬시다 | **残念**ざんねん**だ** 유감이다 | **白**しろ**ワイン** 백포도주 | **ソービニョン・ブラン** 소비뇽 블랑 | **田舎**いなか 시골 | **引**ひ**っ越**こ**す** 이사하다 | **前向**まえむ**き** 적극적임, 긍정적임 | **続**つづ**く** 계속되다

Pattern Practice 1

CD 03

A 다음 동사를 의지형으로 바꿔 보세요.

기본형	의지형	기본형	의지형
書く	書こう	飛ぶ	
飲む		使う	
話す		立つ	
作る		寝る	
呼ぶ		見る	
勉強する		聞く	
遊ぶ		乗る	
来る		泳ぐ	

B 다음을 〈보기〉와 같이 바꿔 보세요.

보기 今日からダイエットを始めましょう。
⇒ 今日からダイエットを始めよう。

1 駅前で会いましょう。
⇒ ____________________

2 みんなで食べましょう。
⇒ ____________________

3 飲み会をしましょう。
⇒ ____________________

C 다음을 〈보기〉와 같이 바꿔 보세요.

보기 仕事(しごと)を辞(や)める
⇨ 私(わたし)は仕事(しごと)を辞(や)めようと思(おも)っています。

1 医者(いしゃ)になる ⇨ ______

2 日本(にほん)で就職(しゅうしょく)する ⇨ ______

3 父(ちち)の仕事(しごと)を手伝(てつだ)う ⇨ ______

4 部屋(へや)で休(やす)む ⇨ ______

Listening Training

잘 듣고 내용에 맞는 그림을 고르세요. CD 04

보기

ⓐ

ⓑ

ⓒ

ⓓ

1 ______ 2 ______ 3 ______ 4 ______

WORDS

飛とぶ 날다 | みんな 모두, 전부 | 医者いしゃ 의사 | 就職しゅうしょくする 취직하다 | 手伝てつだう 돕다

Dialogue 2

CD 05

ノ・ダミ　ケータイを替えようと思ってるんですが、
最新型のケータイにはどんなものがありますか。

店員　最近はアイフォーンなどのタッチ式ケータイが
人気ありますよ。

ノ・ダミ　アイフォーンを買おうかと思ったんですが、
基本料金が高くて。

店員　他のケータイに比べてちょっと高いかもしれませんが、
多彩なアプリケーションが魅力です。
こちらはいかがですか。価格もお手ごろですけど。

Grammar in Dialogue

CD 06

1　~(よ)うかと思う　~할까 하다

スマートフォーンを買おうかと思ったんですが、予算が足りません。

元彼に電話してみようかと思ったんですが、やめました。

予約をキャンセルしようかと思っています。

2　~に比べて　~에 비해

中国は韓国に比べて物価が安いです。

前に比べて仕事が忙しくなりました。

結婚前に比べて体重が増えてしまいました。

WORDS

替かえる 바꾸다, 교체하다 | **最新型**さいしんがた 최신형 | **アイフォーン** 아이폰 | **タッチ式**しき 터치식 | **基本料金**きほんりょうきん 기본요금 | **多彩**たさい**だ** 다채롭다 | **アプリケーション** 애플리케이션 | **魅力**みりょく 매력 | **いかがですか** 어떠십니까? | **手**て**ごろだ** 적당하다 | **スマートフォーン** 스마트폰 | **予算**よさん 예산 | **足**た**りない** 부족하다, 모자라다 | **元彼**もとかれ 전 남자친구 | **キャンセルする** 캔슬하다, 취소하다 | **物価**ぶっか 물가 | **体重**たいじゅう**が増**ふ**える** 체중이 늘다

Pattern Practice 2

CD 07

A 다음을 〈보기〉와 같이 바꿔 보세요.

보기 新しい車を買う / 気に入ったのがない

⇒ 新しい車を買おうかと思ったんですが、気に入ったのがなかったんです。

1 休みに温泉に行く / 予算が足りない

⇒ ______________________________

2 ホテルに泊まる / 料金が高い

⇒ ______________________________

3 新しい家に引っ越す / いい家が見つからない

⇒ ______________________________

4 30歳までに結婚する / いい相手がいない

⇒ ______________________________

5 パイロットになる / 目が悪くてなれない

⇒ ______________________________

6 ホテルを予約する / 満室だ

⇒ ______________________________

B 다음을 〈보기〉와 같이 바꿔 보세요.

보기 韓国(かんこく)のサッカー / 前(まえ) / 強(つよ)くなる

⇒ 韓国(かんこく)のサッカーは前(まえ)に比(くら)べて強(つよ)くなりました。

1 物価(ぶっか) / 去年(きょねん) / 高(たか)くなる

⇒ ____________________

2 最近(さいきん) / 若(わか)い頃(ころ) / 体重(たいじゅう)が増(ふ)える

⇒ ____________________

3 日本(にほん)の交通事故(こうつうじこ) / 10年前(じゅうねんまえ) / 40%(よんじゅっパーセント)減(へ)る

⇒ ____________________

Listening Training

잘 듣고 다음 설명이 맞으면 ○, 틀리면 × 표시를 하세요. CD 08

보기

岩男(いわお)　幸子(さちこ)　高子(たかこ)　マル

1 ________ 2 ________ 3 ________ 4 ________

WORDS

温泉おんせん 온천 | **泊とまる** 숙박하다, 묵다 | **相手**あいて 상대 | **パイロット** 파일럿 | **目めが悪わるい** 눈이 나쁘다 | **満室**まんしつ 만실, 빈 방이 없음 | **去年**きょねん 작년 | **頃**ころ 때, 무렵 | **減へる** 줄다

Writing Note

다음 한자를 쓰면서 외워 봅시다.

残 남을 **잔**	음 ザン　훈 のこる/のこす　획수 10 一 ア 歹 歹 歹 歹 歹 残 残 残 残 残 残 残 残 残 残 残
念 생각할 **념**	음 ネン　획수 8 ノ 人 亼 今 今 念 念 念 念 念 念 念 念 念 念 念
魅 도깨비 **매**	음 ミ　획수 15 ノ 亻 白 白 白 由 由 鬼 鬼 鬼 魅 魅 魅 魅 魅 魅 魅 魅 魅 魅 魅 魅 魅
力 힘 **력**	음 リョク/リキ　훈 ちから　획수 2 フ 力 力 力 力 力 力 力 力 力

Reading Quiz

다음을 읽고 질문에 답해 보세요.

ノ・ダミさんとワインバーに行ってきた。
高橋さんも誘おうと思ったが、ダイエット中だから、
二人で行くことにした。僕は赤よりは白ワインが好きで、
一番好きなワインはソービニョン・ブランだ。

Quiz 와인 바에는 몇 명이 갔습니까?

① 한 명　　② 두 명　　③ 세 명

Speaking Tool Box

★ 다음 계획표를 보고 〈보기〉와 같이 말해 보세요.

보기

1月は英会話(えいかいわ)を習(なら)おうと思(おも)っています。

7月(しちがつ)は友達(ともだち)と旅行(りょこう)に行(い)こうと思(おも)っています。

1月	2月	3月	4月
英会話(えいかいわ)を習(なら)う	運転免許(うんてんめんきょ)をとる	ジムに通(かよ)う	日本(にほん)へ出張(しゅっちょう)

5月	6月	7月	8月
バーベキューをする	ダイエットを始(はじ)める	友達(ともだち)と旅行(りょこう)に行(い)く	サルサダンスを習(なら)う

9月	10月	11月	12月
ケータイを替(か)える	健康診断(けんこうしんだん)を受(う)ける	料理教室(りょうりきょうしつ)に通(かよ)う	大掃除(おおそうじ)をする

UNIT
02 確かに大変そうです。
분명히 힘들 것 같아요.

학 / 습 / 포 / 인 / 트　① ~そうだ(추량)　② ~そうだ(전문)　③ ~ようだ　④ ~みたいだ

Dialogue 1

CD 09

高橋　最近、寂しくて…。ペットでも飼おうかなあ。

ノ・ダミ　ペットはかわいいけど、

面倒を見るのがけっこう大変ですよ。

高橋　確かに大変そうですが、でも飼いたいです。

そういえば、ノ・ダミさんは猫を飼ってるそうですね。

もし子猫を産んだら、ぜひ僕に…。

ノ・ダミ　それはちょっと…。うちの猫はオスですから。

1 ～そうだ　～할 것 같다(추량)

雨が降りそうだから、傘を持って行った方がいいですよ。

あの映画、面白そうじゃない？

彼はまじめそうに見えます。

彼女はかわいいし、性格もよさそうだ。

明日は天気がよくなさそうだけど、バーベキューしますか。

2 ～そうだ　～라고 한다(전문)

明日、雨が降るそうです。

適度な飲酒は体にいいそうです。

これが最近はやっているスタイルだそうです。

このプログラムをダウンロードすれば問題ないそうです。

WORDS

飼かう 기르다 | **面倒めんどうを見みる** 돌보다, 보살피다 | **確たしかに** 분명히, 확실히 | **子猫こねこ** 새끼 고양이 | **産うむ** 낳다 | **ぜひ** 꼭, 반드시 | **オス** 수컷 | **バーベキュー** 바비큐 | **適度てきどだ** 알맞다, 적당하다 | **飲酒いんしゅ** 음주 | **はやる** 유행하다 | **プログラム** 프로그램

Pattern Practice 1

CD 11

A 다음을 〈보기〉와 같이 바꿔 보세요.

> 보기 日本人(にほんじん)だ
>
> ⇒ チョナン・カンさんは日本人(にほんじん)だそうです。

1 歌手(かしゅ)だ

⇒ チョナン・カンさんは ____________________

2 韓国語(かんこくご)が上手(じょうず)だ

⇒ ____________________

3 派手(はで)な服(ふく)が好(す)きだ

⇒ ____________________

4 仕事(しごと)ができる

⇒ あまみやほたるさんは ____________________

5 恋人(こいびと)がいない

⇒ ____________________

6 ビールが好(す)きだ

⇒ ____________________

B 다음을 〈보기〉와 같이 바꿔 보세요.

보기
降(ふ)る ⇒ 今(いま)にも雨(あめ)が降(ふ)りそうです。
面白(おもしろ)い ⇒ あの映画(えいが)、面白(おもしろ)そうじゃない?

1 死(し)ぬ ⇒ 疲(つか)れて ________ です。

2 ぶつかる ⇒ 車(くるま)に ________ になりました。

3 忙(いそが)しい ⇒ ________ だし、後(あと)で電話(でんわ)します。

4 優(やさ)しい ⇒ あの人(ひと)、________ な顔(かお)をしていますね。

Listening Training

잘 듣고 내용에 맞는 그림을 고르세요. CD 12

보기

ⓐ

ⓑ

ⓒ

ⓓ

1 ______ 2 ______ 3 ______ 4 ______

WORDS

派手はで**だ** 화려하다, 눈에 띄다 | **服**ふく 옷 | **仕事**しごと**ができる** 일을 잘하다

Dialogue 2

CD 13

ノ・ダミ	あれ？ 高橋(たかはし)さん、どうしたんですか。 目(め)の下(した)にクマができてますよ。
高橋	最近(さいきん)、寝不足(ねぶそく)で…。
ノ・ダミ	不眠症(ふみんしょう)ですか。何(なに)か悩(なや)みでも？
高橋	実(じつ)は、最近(さいきん)ゲームにはまってて、 昨日(きのう)も夜遅(よるおそ)くまでゲームしちゃって。
ノ・ダミ	ゲーム中毒(ちゅうどく)のようですね。 目(め)がパンダみたいになってますよ。

1 ～ようだ ～같다

かなり多くの人がこのゲームにはまっているようです。

値段が少し安いようですが、偽物じゃないですか。

お姉さんは料理が上手なようです。

★ 명사 뒤에 ようだ가 올 때는 ～のようだ의 형태가 된다.

最近不眠症のようで、夜、全然眠れないんです。

毎日のようにお酒を飲んでいます。

今日も、昨日のようないい天気です。

2 ～みたいだ ～같다

彼はかなり疲れているみたいです。

どんなことでも、慣れるまではやっぱり難しいみたいです。

彼は、私のことが好きみたいです。

みんないい人みたいでよかった。

症状が嘘みたいによくなりました。

WORDS

クマ 다크서클 | **寝不足**ねぶそく 잠이 모자람, 수면 부족 | **不眠症**ふみんしょう 불면증 | **悩**なや**む** 고민하다 | **はまる** 빠지다, 꼭 맞다 | **ゲーム中毒**ちゅうどく 게임 중독 | **パンダ** 판다 | **偽物**にせもの 가짜 | **慣**な**れる** 습관이 되다, 길들다 | **症状**しょうじょう 증상

Pattern Practice 2

CD 15

A 다음을 〈보기〉와 같이 바꿔 보세요.

보기
来た ⇒ 誰かが来たようです。
上手だ ⇒ 英語が上手なようです。

1 帰った ⇒ もうみんな ________________ 。

2 好きだ ⇒ 先輩はお酒が ________________ 。

3 喜んでいる ⇒ 彼は合格して ________________ 。

B 다음을 〈보기〉와 같이 바꿔 보세요.

보기
部長 / 毎日 / お酒を飲む
⇒ 部長は毎日のようにお酒を飲んでいます。

1 彼女 / 死んだ / 眠る
⇒ ________________________________

2 父 / 子供 / ゲームをする
⇒ ________________________________

3 アイフォーン / 飛ぶ / 売れる
⇒ ________________________________

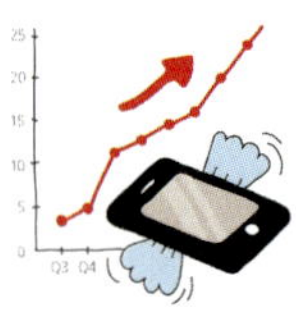

C 다음을 〈보기〉와 같이 바꿔 보세요.

보기 高橋(たかはし)さんはゲームばかりする / ゲーム中毒(ちゅうどく)

⇒ 最近(さいきん)高橋(たかはし)さんはゲームばかりして…。ゲーム中毒(ちゅうどく)みたいです。

1 彼(かれ)と会(あ)えない / 忙(いそが)しい

⇒ ____________________

2 娘(むすめ)が言(い)うことを聞(き)かない / 反抗期(はんこうき)

⇒ ____________________

3 小(ち)さい字(じ)が見(み)えない / 目(め)が悪(わる)くなった

⇒ ____________________

Listening Training

잘 듣고 다음 설명이 맞으면 ○, 틀리면 × 표시를 하세요. CD 16

1 _____ 저 두 사람은 형제라 아주 닮았습니다.

2 _____ 그는 오늘 기운이 넘치는 것 같습니다.

3 _____ 많은 사람들이 아이돌 가수에 빠져 있는 것 같습니다.

4 _____ 병이 거짓말같이 좋아져서 기쁩니다.

WORDS

喜よろこ**ぶ** 기뻐하다 | **反抗期**はんこうき 반항기

Writing Note

다음 한자를 쓰면서 외워 봅시다.

面 낯 **면**

음 メン　훈 おも/つら/おもて　획수 9

一 丆 丆 丙 而 而 而 面 面

面 面 面 面 面 面 面 面

倒 넘어질 **도**

음 トウ　훈 たおれる/たおす　획수 10

丿 亻 亻 仁 仁 侄 侄 侄 倒 倒

倒 倒 倒 倒 倒 倒 倒 倒

中 가운데 **중**

음 チュウ/ジュウ　훈 なか　획수 4

丨 口 口 中

中 中 中 中 中 中 中 中

毒 독 **독**

음 ドク　획수 8

一 十 丰 主 圭 毐 毒 毒

毒 毒 毒 毒 毒 毒 毒 毒

Reading Quiz

다음을 읽고 질문에 답해 보세요.

最近、なんか寂しくて、ペットでも飼ってみようかなあと思っている。
面倒を見るのが大変そうだが、でも飼いたい。
犬と猫、どっちも好きだけど、大人しい猫より活発で明るい犬の方が僕と相性が合いそうだ。

Quiz 윗글의 글쓴이가 키우고 싶어하는 애완동물은?

① 강아지　② 원숭이　③ 햄스터

* 活発かっぱつだ 활발하다 | 明あかるい 밝다, 명랑하다 | 相性あいしょうが合あう 궁합이 맞다

Speaking Tool Box

★ 먼저 상대방의 성격이나 취향을 추측하여 적은 다음, 그것이 맞는지 질문해서 확인해 봅시다.

예

お酒(さけ)が強(つよ)そうです。

頭(あたま)がいいみたいです。

料理(りょうり)が上手(じょうず)なようです。

	나의 추측	O/X
1		
2		
3		
4		
5		
6		
7		

UNIT 03

料理のできる男がモテるらしい。

요리를 잘하는 남자가 인기가 있는 것 같다.

학 / 습 / 포 / 인 / 트　① ～らしい　② 명사+らしい　③ ～予定だ　④ ～つもりだ

Dialogue 1

CD 17

高橋	千秋さんは料理が上手だそうですね。
千秋	いや、大したことありませんよ。
高橋	最近は料理のできる男がモテるらしいから、 僕も料理教室に通ってみようかと思ってるんです。
千秋	それもいいと思いますが、 自分らしく生きるのが一番じゃないですか。 高橋さんは男らしいところが魅力だと思いますよ。

1 ~らしい ~인 것 같다

高橋(たかはし)さんは最近(さいきん)ダイエットをしているらしいです。

この番組(ばんぐみ)は再放送(さいほうそう)しないらしいです。

イタリア男性(だんせい)はすごく女性(じょせい)に優(やさ)しいらしいです。

今年(ことし)も就職(しゅうしょく)が難(むずか)しいらしいです。

2 명사 + らしい ~답다

かわいくて女性(じょせい)らしい服(ふく)が好(す)きです。

子供(こども)は子供(こども)らしくないとかわいくない。

今年(ことし)の冬(ふゆ)は暖(あたた)かくて冬(ふゆ)らしくない。

WORDS

モテる 인기 있다 | **大**たい**した** 대단한, 별일 | **通**かよ**う** 다니다, 오가다 | **自分**じぶん 자신 | **生**い**きる** 살다 | **番組**ばんぐみ 방송 | **再放送**さいほうそう 재방송 | **イタリア** 이탈리아

Pattern Practice 1

CD 19 

A 다음을 〈보기〉와 같이 바꿔 보세요.

> 보기　暖(あたた)かい
> ⇒ 明日(あした)は暖(あたた)かいらしい。

1　結婚(けっこん)する

⇒ よく分(わ)かりませんが、あの二人(ふたり)は ______________ です。

2　面白(おもしろ)くない

⇒ あの映画(えいが)は ______________ ですよ。

3　作(つく)る

⇒ 彼(かれ)は自分(じぶん)で会社(かいしゃ)を ______________ です。

4　新宿(しんじゅく)

⇒ 飲(の)み会(かい)の場所(ばしょ)は ______________ ですよ。

5　有名(ゆうめい)だ

⇒ あの人(ひと)は小説家(しょうせつか)としてかなり ______________ ですよ。

6　難(むずか)しい

⇒ 試験(しけん)は ______________ です。

B 다음을 〈보기〉와 같이 바꿔 보세요.

보기 春

⇒ 今日は春らしい天気だ。

1 子供

⇒ 最近は ________________ 子供が少なくなった。

2 女

⇒ かわいくて ________________ 服が好きです。

3 病気

⇒ 今まで ________________ 病気をしたことがない。

Listening Training

잘 듣고 다음 설명이 맞으면 ○, 틀리면 × 표시를 하세요. CD 20

1 ______ 올해 봄은 추워서 봄 같지 않다.

2 ______ 중국 남자는 맛있는 요리를 잘 먹는다고 합니다.

3 ______ 자상하고 남자다운 남자가 좋습니다.

4 ______ 축구 시합은 토요일 아침에 방송된다고 합니다.

WORDS

場所ばしょ 장소 | **小説家**しょうせつか 소설가 | **病気**びょうき 병

Dialogue 2

CD 21

高橋　妹の結婚式があって、来週、日本へ行くんです。

ノ・ダミ　それはおめでとうございます。妹さんはおいくつですか。

高橋　21歳です。まだ大学生ですが、子供ができちゃって、
10月に生まれる予定なんです。

ノ・ダミ　できちゃった結婚ですか。

高橋　そうなんですよ。僕が先に結婚するつもりだったのに、
妹が先になっちゃって。
だから、僕も今年中に結婚するつもりです。

ノ・ダミ　彼女はいるんですか。

高橋　いや、それがまだ…。

1　~予定だ　~할 예정이다

来年、日本へ留学する予定です。

明日の４時に試合が始まる予定です。

４月の終わりに結婚する予定です。

2　~つもりだ　~할 생각이다, ~할 작정이다

近いうちに病院に行ってみるつもりです。

毎日ブログに日記を書くつもりです。

ダイエットするので、夜８時以降は何も食べないつもりです。

大学を卒業したら、大学院に進学するつもりです。

これからどうするつもりですか。

WORDS

できちゃった結婚けっこん 속도위반 결혼 | **今年中**ことしじゅう 올해 중 | **終**お**わり** 끝 | **ブログ** 블로그 | **以降**いこう 이후 | **大学院**だいがくいん 대학원 | **進学**しんがく**する** 진학하다

Pattern Practice 2

CD 23

A 노다미 씨와 치아키 씨의 일정표입니다. 잘 보고 〈보기〉와 같이 바꿔 보세요.

> 보기　千秋さんは来週出張に行く予定です。

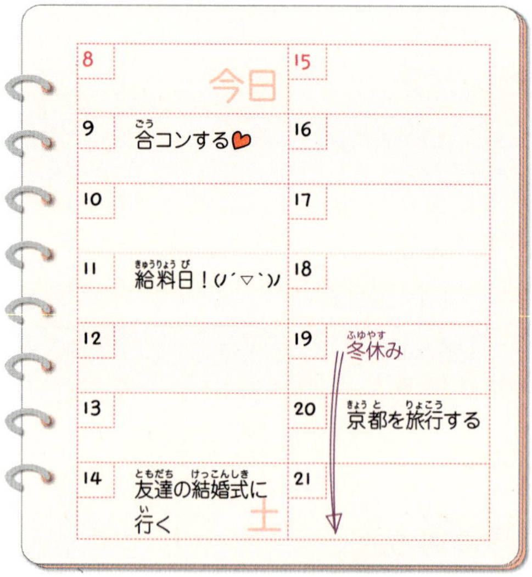

〈노다미 씨의 일정표〉

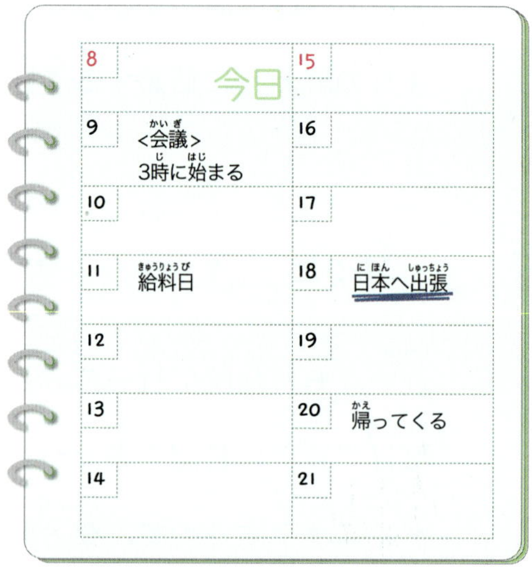

〈치아키 씨의 일정표〉

1　ノ・ダミさんは明日、仕事の後で ＿＿＿＿＿＿＿＿＿＿ 。

2　ノ・ダミさんは今週の土曜日に ＿＿＿＿＿＿＿＿＿＿ 。

3　ノ・ダミさんは冬休みに ＿＿＿＿＿＿＿＿＿＿ 。

4　会議は明日 ＿＿＿＿＿＿＿＿＿＿ 。

5　千秋さんは20日に ＿＿＿＿＿＿＿＿＿＿ 。

B 다음을 〈보기〉와 같이 바꿔 말해 보세요.

보기 卒業後(そつぎょうご)は大学院(だいがくいん)に行(い)く

⇒ A 卒業後(そつぎょうご)は大学院(だいがくいん)に行(い)くんですか。

B はい、行(い)くつもりです。/ いいえ、行(い)かないつもりです。

1 お盆(ぼん)に実家(じっか)へ帰(かえ)る ⇒ A ________________

B ________________

2 新(あたら)しい車(くるま)を買(か)う ⇒ A ________________

B ________________

3 今夜(こんや)の飲(の)み会(かい)に参加(さんか)する ⇒ A ________________

B ________________

Listening Training

잘 듣고 다음 설명이 맞으면 ○, 틀리면 × 표시를 하세요. CD 24

1 ______ 내년에 그리스로 유학 갈 예정입니다.

2 ______ 일요일 2시에 야구 시합이 시작될 예정입니다.

3 ______ 다이어트할 거라서 햄버거 같은 것은 먹지 않을 생각입니다.

4 ______ 재미있는 일이 있으면 일기를 쓸 생각입니다.

WORDS

給料きゅうりょう 급료, 임금 | **お盆**ぼん 백중맞이(일본의 명절) | **実家**じっか 생가, 고향집 | **参加**さんか**する** 참가하다 | **イギリス** 영국 | **ハンバーガー** 햄버거

Writing Note

다음 한자를 쓰면서 외워 봅시다.

한자	음	훈	획수	쓰기
教 가르칠 **교**	キョウ	おしえる/おそわる	11	教 教 教 教 教 教 教 教
室 집 **실**	シツ	むろ	9	室 室 室 室 室 室 室 室
番 갈마들 **번**	バン		12	番 番 番 番 番 番 番 番
組 끈 **조**	ソ	くむ/くみ	11	組 組 組 組 組 組 組 組

Reading Quiz

다음을 읽고 질문에 답해 보세요.

来週、妹の結婚式があって、日本へ行く。
妹は21歳で、まだ大学生だけど、子供ができて結婚することになった。
子供は10月に生まれる予定だ。かわいい女の子ならいいなあ。
僕も早く子供がほしくなった。

Quiz 글쓴이가 일본에 가는 이유는?

① 여동생의 결혼식이 있어서 ② 여동생이 아이를 낳아서 ③ 결혼식을 올리려고

～ことになった ～하게 되다

Speaking Tool Box

★〈보기〉와 같이 친구에게 소문을 전달해 보세요.

보기

ノ・ダミさんは最近(さいきん)ダイエットをしているらしいです。

高橋(たかはし)さんは女性(じょせい)にだけ優(やさ)しいらしいです。

キムさんとパクさんが付(つ)き合(あ)っている

彼女(かのじょ)に振(ふ)られた

歌(うた)が上手(じょうず)だ

クビになった

毎日残業(まいにちざんぎょう)で大変(たいへん)だ

彼氏(かれし)がハンサムだ

日本(にほん)へ留学(りゅうがく)に行(い)く

子供(こども)ができた

UNIT

04 時々恋人と誤解されるんです。

종종 애인으로 오해받아요.

학 / 습 / 포 / 인 / 트　① 동사의 수동형　② ~れる/られる : 피해, 가능, 존경, 자발

Dialogue 1

CD 25

高橋	あっ、この人(ひと)、恋人(こいびと)ですか。
ノ・ダミ	いいえ、弟(おとうと)です。
高橋	弟(おとうと)さんですか。仲(なか)よさそうですね。うらやましいです。
ノ・ダミ	子供(こども)の時(とき)はよくけんかをして、親(おや)に叱(しか)られたんですが、今(いま)は仲良(なかよ)しです。時々(ときどき)恋人(こいびと)と誤解(ごかい)されるんです。
高橋	弟(おとうと)さんは学生(がくせい)さんですか。
ノ・ダミ	はい。大学生(だいがくせい)ですが、今(いま)は軍隊(ぐんたい)に入(はい)っています。

1 동사의 수동형

1그룹 동사 (5단 동사)	어미 う단 → あ단 + れる	使(つか)う → 使(つか)われる 사용되다 예외 行(い)く → 行(い)かれる 가게 되다 脱(ぬ)ぐ → 脱(ぬ)がれる 벗겨지다 話(はな)す → 話(はな)される 이야기되다 打(う)つ → 打(う)たれる 맞다 死(し)ぬ → 死(し)なれる 죽다 呼(よ)ぶ → 呼(よ)ばれる 불리다 飲(の)む → 飲(の)まれる 마시다 乗(の)る → 乗(の)られる 태워지다 帰(かえ)る → 帰(かえ)られる 돌아가게 되다
2그룹 동사 (1단 동사)	어간 + られる	見(み)る → 見(み)られる 보게 되다 食(た)べる → 食(た)べられる 먹게 되다
3그룹 동사 (불규칙 동사)		来(く)る → 来(こ)られる 오게 되다 する → される 당하다, 하게 되다

(私(わたし)は) 父(ちち)に叱(しか)られました。… 父(ちち)は私(わたし)を叱(しか)りました。

このたび、ニューヨークが「男性(だんせい)が住(す)みやすい街(まち)」世界一(せかいいち)に選(えら)ばれました。

スピード違反(いはん)をして、警察(けいさつ)にとめられました。

注意(ちゅうい)したら逆(ぎゃく)に注意(ちゅうい)されてしまいました。

友達(ともだち)に来(こ)られて、宿題(しゅくだい)はできませんでした。

WORDS

叱しかる 꾸짖다, 혼내다 | **時々ときどき** 가끔, 때때로 | **誤解ごかい** 오해 | **軍隊ぐんたい** 군대 | **ニューヨーク** 뉴욕 | **世界一せかいいち** 세계 제일 | **スピード違反いはん** 속도 위반 | **警察けいさつ** 경찰 | **逆ぎゃくに** 반대로, 거꾸로

Pattern Practice 1

CD 27 

A 다음 동사를 수동형으로 바꿔 보세요.

기본형	수동형	기본형	수동형
書く(か)	書かれる(か)	壊す(こわ)	
踏む(ふ)		助ける(たす)	
死ぬ(し)		聞く(き)	
叱る(しか)		立つ(た)	
行う(おこな)		来る(く)	
使う(つか)		反対する(はんたい)	
呼ぶ(よ)		騒ぐ(さわ)	

B 다음을 〈보기〉와 같이 바꿔 보세요.

보기 叱る(しか)
⇒ 田中(たなか)さんは部長(ぶちょう)に叱(しか)られました。

1 取る(と) ⇒ 泥棒(どろぼう)に財布(さいふ)を ＿＿＿＿＿＿＿＿ 。

2 踏む(ふ) ⇒ 誰(だれ)かに足(あし)を ＿＿＿＿＿＿＿＿ 。

3 注意(ちゅうい)する ⇒ 先生(せんせい)に ＿＿＿＿＿＿＿＿ 。

4 怒る(おこ) ⇒ 約束(やくそく)に遅(おく)れて彼女(かのじょ)に ＿＿＿＿＿＿＿＿ 。

C 다음을 〈보기〉와 같이 바꿔 보세요.

보기 3階(さんがい)にセミナーを行(おこな)います。
⇒ 3階(さんがい)にセミナーが行(おこな)われます。

1 毎年(まいとし)、秋(あき)に運動会(うんどうかい)を開(ひら)きます。
⇒ ______________________________

2 市長(しちょう)には吉田(よしだ)さんを選(えら)びました。
⇒ ______________________________

3 今日(きょう)から予約販売(よやくはんばい)を開始(かいし)します。
⇒ ______________________________

Listening Training

잘 듣고 빈칸에 들어갈 말을 히라가나로 써 보세요. CD 28

1 田中(たなか)さんは部長(ぶちょう)に __________ ました。

2 葉子(ようこ)さんはペットに __________ て一晩中(ひとばんじゅう)泣(な)きました。

3 達也君(たつやくん)はお母(かあ)さんに __________ ました。

4 由美(ゆみ)さんは親(おや)に結婚(けっこん)を __________ ています。

WORDS

泥棒どろぼう 도둑 | **踏む**ふむ 밟다 | **運動会**うんどうかい 운동회 | **開く**ひらく 열다 | **市長**しちょう 시장 | **販売**はんばい 판매 | **開始**かいし**する** 개시하다

Dialogue 2

CD 29

千秋　　ノ・ダミさんも化粧を落とすと
誰だか分からなくなりますか。

ノ・ダミ　　それほどじゃないですけど、
やっぱりすっぴんでは外に出られません。

高橋　　そんなことないでしょう。
素顔もかわいいと思いますけど。

ノ・ダミ　　そう言われると恥ずかしいですね。

千秋　　高橋さん、眼鏡を買った方がいいんじゃないですか。

Grammar in Dialogue

CD 30

1 ~れる/られる

1. 수동

弟(おとうと)にケーキを食(た)べられました。

地下鉄(ちかてつ)で財布(さいふ)を盗(ぬす)まれました。

2. 가능

誰(だれ)でも簡単(かんたん)に覚(おぼ)えられます。

刺身(さしみ)は食(た)べられますか。

3. 존경

今朝(けさ)のニュース、聞(き)かれましたか。

いつ会(あ)われますか。

4. 자발

中学時代(ちゅうがくじだい)が懐(なつ)かしく思(おも)い出(だ)されます。

彼(かれ)の活動(かつどう)に人々(ひとびと)の期待(きたい)が寄(よ)せられています。

カンヌ映画祭(えいがさい)はフランスで開催(かいさい)されています。

WORDS

化粧けしょう**を落**お**とす** 화장을 지우다 | **すっぴん** 민낯, 맨얼굴 | **素顔**すがお 민낯, 맨얼굴 | **盗**ぬす**む** 훔치다, 도둑질하다 | **今朝**けさ 오늘 아침 | **中学時代**ちゅうがくじだい 중학생 시절 | **懐**なつ**かしい** 그립다, 정답다 | **思**おも**い出**だ**す** 생각해내다 | **活動**かつどう 활동 | **寄**よ**せる** 밀려 오다, 불러 모으다 | **カンヌ映画祭**えいがさい 칸 영화제 | **開催**かいさい**する** 개최하다

Pattern Practice 2

CD 31

A 다음 동사를 〈보기〉와 같이 바꿔 보세요.

보기 盗(ぬす)む
⇒ 地下鉄(ちかてつ)で財布(さいふ)を盗(ぬす)まれました。

1 降(ふ)る ⇒ 雨(あめ)に ______ て服(ふく)がぐちゃぐちゃになりました。

2 ひく ⇒ 車(くるま)に ______ て骨(ほね)を折(お)ってしまいました。

3 泣(な)く ⇒ デパートで子供(こども)に ______ て慌(あわ)てました。

B 다음을 〈보기〉와 같이 바꿔 보세요.

보기 今朝(けさ)のニュース、聞(き)いた？
⇒ 先生(せんせい)、今朝(けさ)のニュース聞(き)かれましたか。

1 どう思(おも)う？ ⇒ ______

2 昨日(きのう)ソウルに戻(もど)ったの？ ⇒ ______

3 どこに行(い)く？ ⇒ ______

C 다음 동사를 〈보기〉와 같이 바꿔 보세요.

보기 思(おも)い出(だ)す
⇒ 中学時代(ちゅうがくじだい)が懐(なつ)かしく<u>思(おも)い出(だ)され</u>ます。

1 案(あん)じる
⇒ 経済(けいざい)の悪化(あっか)が ________________ ます。

2 感(かん)じる
⇒ 疲(つか)れているせいか、かばんがいつもより重(おも)く ________________ ます。

3 建(た)てる
⇒ この会社(かいしゃ)は10年前(じゅうねんまえ)に ________________ ました。

Listening Training

잘 듣고 빈칸에 들어갈 말을 히라가나로 써 보세요. CD 32

1 部長(ぶちょう)は先月(せんげつ)、新(あたら)しい車(くるま)を __________ たそうです。

2 このブランドは世界的(せかいてき)によく __________ ています。

3 昔(むかし)のことが懐(なつ)かしく __________ ます。

4 地下鉄(ちかてつ)で泥棒(どろぼう)に財布(さいふ)を __________ ました。

WORDS

ぐちゃぐちゃ 질척질척함, 엉망진창임 | **骨**ほね**を折**お**る** 뼈가 부러지다 | **慌**あわ**てる** 당황하다, 허둥거리다 | **案**あん**じる** 염려하다, 생각하다 | **経済**けいざい 경제 | **悪化**あっか 악화

Writing Note

다음 한자를 쓰면서 외워 봅시다.

軍 군사 **군**	음 グン　획수 9	軍	軍 軍 軍 軍 軍 軍 軍 軍
隊 대 **대**	음 タイ　획수 12	阝 … 隊	隊 隊 隊 隊 隊 隊 隊 隊
化 될 **화**	음 カ/ケ　훈 ばける/ばかす　획수 4	ノ 亻 亻 化	化 化 化 化 化 化 化 化
粧 단장할 **장**	음 ショウ　획수 12	丶 丷 米 … 粧	粧 粧 粧 粧 粧 粧 粧 粧

Reading Quiz

다음을 읽고 질문에 답해 보세요.

化粧を落とすと、誰だか分からなくなるほどではないが、
やっぱりすっぴんでは外に出られない。
大学時代、彼に素顔を見られて振られたトラウマがある。

Quiz 글쓴이에 대한 설명으로 맞는 것은?

① 맨얼굴도 예쁘다.　② 자연스러운 화장을 좋아한다.　③ 맨얼굴로는 외출하지 않는다.

~ほどではない ~정도는 아니다 | 振ふられる 차이다 | トラウマ 트라우마

Speaking Tool Box

★ 오해받은 경험에 대해 말해 보세요.

예 時々、弟と恋人じゃないかと誤解されるんです。
まだ独身なのに、結婚していると誤解されました。

整形している

妊娠している

男性だ

痴漢だ

どろぼうだ

浮気者だ

性格が冷たい

彼のことが好きだ

UNIT

05 僕に行かせてください。

제가 가게 해 주세요.

학 / 습 / 포 / 인 / 트　① 동사의 사역형　② ～(さ)せてください　③ 동사의 사역수동형

Dialogue 1

CD 33

高橋	聞(き)きましたか。木村(きむら)さん、首(くび)になったらしいですよ。
ノ・ダミ	えっ、本当(ほんとう)ですか。
高橋	部長(ぶちょう)に「何(なん)で残業(ざんぎょう)させるんですか」って言(い)ったそうです。
ノ・ダミ	それは木村(きむら)さんの言(い)い方(かた)が悪(わる)いですよね。
部長	あ、みんなここにいたんですね。 誰(だれ)かこれ、コピーしてください。
ノ・ダミ	部長(ぶちょう)、私(わたし)が行(い)ってきます。
高橋	いや、僕(ぼく)に行(い)かせてください。

1 동사의 사역형

구분	규칙	기본형		사역형	의미
1그룹 동사 (5단 동사)	어미 う단 → あ단 + せる	会(あ)う	→	会(あ)わせる	만나게 하다 예외
		行(い)く	→	行(い)かせる	가게 하다
		脱(ぬ)ぐ	→	脱(ぬ)がせる	벗게 하다
		話(はな)す	→	話(はな)させる	이야기시키다
		待(ま)つ	→	待(ま)たせる	기다리게 하다
		死(し)ぬ	→	死(し)なせる	죽게 하다
		呼(よ)ぶ	→	呼(よ)ばせる	부르게 하다
		飲(の)む	→	飲(の)ませる	마시게 하다, 먹이다
		乗(の)る	→	乗(の)らせる	타게 하다, 태우다
		帰(かえ)る	→	帰(かえ)らせる	돌아가게 하다
2그룹 동사 (1단 동사)	어간 + させる	見(み)る	→	見(み)させる	보게 하다
		食(た)べる	→	食(た)べさせる	먹게 하다
3그룹 동사 (불규칙 동사)		来(く)る	→	来(こ)させる	오게 하다
		する	→	させる	시키다, 하게 하다

2 ~(さ)せてください ~하게 해 주세요

一言(ひとこと)言(い)わせてください。

ちょっと考(かんが)えさせてください。

もう一度(いちど)チェックさせてください。

WORDS

首くび**になる** 해고되다 | **残業**ざんぎょう 잔업, 야근 | **言**い**い方**かた 말투, 말씨 | **コピー** 카피, 복사 | **一言**ひとこと 한마디

Pattern Practice 1

CD 35 

A 다음 동사를 사역형으로 바꿔 보세요.

기본형	사역형	기본형	사역형
書(か)く	書(か)かせる	覚(おぼ)える	
待(ま)つ		聞(き)く	
喜(よろこ)ぶ		飲(の)む	
習(なら)う		心配(しんぱい)する	
使(つか)う		来(く)る	
遊(あそ)ぶ		立(た)つ	
話(はな)す		泳(およ)ぐ	

B 다음을 〈보기〉와 같이 바꿔 말해 보세요.

보기 残業(ざんぎょう)する / 仕事(しごと)がある

⇒ A 何(なん)で残業(ざんぎょう)させるんですか。

B 仕事(しごと)があるからです。

1 野菜(やさい)を食(た)べる / 健康(けんこう)にいい ⇒ A ____________

B ____________

2 練習(れんしゅう)する / 試合(しあい)がある ⇒ A ____________

B ____________

3 塾(じゅく)に通(かよ)う / もうすぐ受験(じゅけん)だ ⇒ A ____________

B ____________

C 다음 동사를 〈보기〉와 같이 바꿔 보세요.

보기 考(かんが)える
⇒ ちょっと考(かんが)えさせてください。

1 休(やす)む ⇒ 明日(あした)は ＿＿＿＿＿＿＿＿＿＿ 。

2 発表(はっぴょう)する ⇒ 私(わたし)に ＿＿＿＿＿＿＿＿＿＿ 。

3 使(つか)う ⇒ 会議室(かいぎしつ)を ＿＿＿＿＿＿＿＿＿＿ 。

4 聞(き)く ⇒ その話(はなし)、もっと詳(くわ)しく ＿＿＿＿＿＿＿＿＿＿ 。

Listening Training

잘 듣고 다음 설명이 맞으면 ○, 틀리면 × 표시를 하세요. CD 36

1 ＿＿＿ 제가 복사하게 해 주세요.

2 ＿＿＿ 제 일을 해 주세요.

3 ＿＿＿ 차를 쓰게 해 주세요.

4 ＿＿＿ 여기에서 농구 연습을 해 주세요.

WORDS

野菜やさい 야채 | **健康**けんこう 건강 | **塾**じゅく 학원 | **受験**じゅけん 수험 | **詳しい**くわしい 자세하다

Dialogue 2

CD 37

ノ・ダミ　男性は初恋の人が忘れられないって言いますけど、そうなんですか。

高橋　そうですね。僕も彼女には泣かされましたが、いまだに忘れられないんです。

ノ・ダミ　実は昨日、久しぶりに高校時代の同級生から電話が来て、私が初恋の人だったと告白されました。

高橋　わあ～、ノ・ダミさんが忘れられなくてついに勇気を出したんですね。

ノ・ダミ　でも、それが…。彼、保険会社に勤めていて、保険に加入させられました。

1 동사의 사역수동형

구분	활용	기본형		사역수동형	의미
1그룹 동사 (5단 동사)	어미 う단 → あ단 + せられる	会(あ)う	→	会(あ)わせられる	(어쩔 수 없이) 만나게 되다
		行(い)く	→	行(い)かせられる	(어쩔 수 없이) 가게 되다
		脱(ぬ)ぐ	→	脱(ぬ)がせられる	(어쩔 수 없이) 벗게 되다
		話(はな)す	→	話(はな)させられる	(어쩔 수 없이) 이야기하게 되다
		待(ま)つ	→	待(ま)たせられる	(어쩔 수 없이) 기다리게 되다
		死(し)ぬ	→	死(し)なせられる	(어쩔 수 없이) 죽게 되다
		呼(よ)ぶ	→	呼(よ)ばせられる	(어쩔 수 없이) 불리게 되다
		飲(の)む	→	飲(の)ませられる	(어쩔 수 없이) 마시게 되다
		乗(の)る	→	乗(の)らせられる	(어쩔 수 없이) 타게 되다
		帰(かえ)る	→	帰(かえ)らせられる	(어쩔 수 없이) 돌아가게 되다
2그룹 동사 (1단 동사)	어간 + させられる	見(み)る	→	見(み)させられる	(어쩔 수 없이) 보게 되다
		食(た)べる	→	食(た)べさせられる	(어쩔 수 없이) 먹게 되다
3그룹 동사 (불규칙 동사)		来(く)る	→	来(こ)させられる	(어쩔 수 없이) 오게 되다
		する	→	させられる	(어쩔 수 없이) 하게 되다

先輩(せんぱい)にお酒(さけ)を飲(の)ませられました。

無理(むり)やり覚(おぼ)えさせられたことは、すぐに忘(わす)れます。

バイト先(さき)で1時間残業(いちじかんざんぎょう)させられました。

彼(かれ)の演技(えんぎ)に感動(かんどう)させられました。

WORDS

初恋はつこい 첫사랑 | 泣なかす 울리다, 울게 하다 | いまだに 아직껏, 아직도 | 同級生どうきゅうせい 동급생 | ついに 마침내, 드디어 | 勇気ゆうき 용기 | 保険会社ほけんがいしゃ 보험 회사 | 勤つとめる 근무하다, 종사하다 | 加入かにゅうする 가입하다 | バイト先さき 아르바이트 하는 곳

Pattern Practice 2

CD 39 

A 다음 동사를 사역수동형으로 바꿔 보세요.

기본형	사역수동형	기본형	사역수동형
書く	書かせられる	覚える	
待つ		食べる	
飲む		辞める	
習う		練習する	
使う		来る	
喜ぶ		立つ	
話す		行く	

B 다음을 〈보기〉와 같이 바꿔 보세요.

보기 先生は学生に本を読ませます。
⇒ 学生は先生に本を読ませられます。

1 父親は息子に車を洗わせます。

⇒ 息子は父親に ＿＿＿＿＿＿＿＿ 。

2 母親は子供に嫌いな野菜を食べさせます。

⇒ 子供は母親に嫌いな野菜を ＿＿＿＿＿＿＿＿ 。

3 監督は選手に雨の日でも練習させます。

⇒ 選手は監督に雨の日でも ＿＿＿＿＿＿＿＿ 。

C 다음을 〈보기〉와 같이 바꿔 말해 보세요.

보기 会社(かいしゃ)を辞(や)める

⇒ A 私(わたし)、会社(かいしゃ)を辞(や)めさせられるかもしれないの。

B えっ、そうなの。それは大変(たいへん)だね。

1 転勤(てんきん)する ⇒ A ______________________

B えっ、そうなの。それは大変(たいへん)だね。

2 大勢(おおぜい)の前(まえ)で歌(うた)う ⇒ A ______________________

B えっ、そうなの。それは大変(たいへん)だね。

3 打(う)ち合(あ)わせに一人(ひとり)で行(い)く ⇒ A ______________________

B えっ、そうなの。それは大変(たいへん)だね。

Listening Training

다음을 듣고 그림을 보면서 질문에 답해 보세요. CD 40

보기 ⓐ ⓑ ⓒ ⓓ

1 ______ 2 ______ 3 ______ 4 ______

WORDS

父親ちちおや 부친, 아버지 | **嫌**きら**いだ** 싫다 | **監督**かんとく 감독 | **選手**せんしゅ 선수 | **雨**あめ**の日**ひ 비오는 날 | **転勤**てんきん**する** 전근하다 | **大勢**おおぜい 여럿, 많은 사람 | **打**う**ち合**あ**わせ** 상의, 협의

Writing Note

다음 한자를 쓰면서 외워 봅시다.

初 처음 **초**	음 ショ　훈 はじめ/はじめて/はつ/うい/そめる　획수 7 丶 ラ ネ ネ ネ 初 初 初 初 初 初 初 初 初 初
恋 사모할 **련**	음 レン　훈 こう/こい/こいしい　획수 10 丶 亠 十 亣 亦 亦 亦 恋 恋 恋 恋 恋 恋 恋 恋 恋 恋 恋
保 지킬 **보**	음 ホ　훈 たもつ　획수 9 丿 亻 亻 伊 伊 但 保 保 保 保 保 保 保 保 保 保 保
険 험할 **험**	음 ケン　훈 けわしい　획수 11 ㇇ 阝 阝 阝 阾 阾 险 険 険 険 険 険 険 険 険 険 険 険 険

Reading Quiz

다음을 읽고 질문에 답해 보세요.

久しぶりに高校時代の同級生から電話が来た。
私が彼の初恋の人だったと告白されて、びっくりした。
私のことが忘れられなくて告白したんだなあと思ったが、
実は、彼ったら保険会社に勤めていて、保険に加入させられた。

Quiz 다음 중 글쓴이에 대한 설명으로 맞는 것은?

① 고등학교 때 친구에게 보험을 권유받았다.
② 보험 회사에 다니고 있다.
③ 현재 첫사랑과 사귀고 있다.

‡びっくりする 깜짝 놀라다

Speaking Tool Box

★ 그림을 보고 〈보기〉와 같이 말해 보세요.

보기 先輩にお酒を飲ませられました。
バイト先で1時間残業させられました。

学校で夜12時まで勉強する

母 / 野菜を食べる

仕事を辞める

母 / 彼女と別れる

運転免許を停止されました

部屋を片付ける

みんなの前で歌を歌う

週末に出張に行く

UNIT

06 しっかりしなさい。

정신 좀 차려라.

학 / 습 / 포 / 인 / 트　① 명령 : ~て(で)/~なさい　② 금지 : ~な/~ないで

Dialogue 1

CD 41

母　もう時間(じかん)よ。起(お)きなさい。8時(はちじ)ですよ。

ノ・ダミ　あ、しまった。また遅刻(ちこく)！

母　ご飯(はん)食(た)べて。

ノ・ダミ　いいよ。遅(おく)れそうだから。

母　夜遅(よるおそ)く寝(ね)るから朝起(あさお)きられないんでしょう。

もうちょっとしっかりしなさい。

今日(きょう)は早(はや)く帰(かえ)ってきてね。シンジが帰(かえ)ってくるから。

1 ～て(で) ～해, ～해라(가벼운 명령)

正直(しょうじき)に言(い)って。

言(い)い訳(わけ)はやめて。

もういい加減(かげん)にして。

2 ～なさい ～해, ～해라(강한 명령)

朝起(あさお)きてすぐにコップ一杯(いっぱい)の水(みず)を飲(の)みなさい。

大事(だいじ)なことは3つ(みっ)にまとめなさい。

遊(あそ)んでばかりいないで勉強(べんきょう)しなさい。

WORDS

しまった 아차 | **しっかり** 단단히, 꽉 | **正直**しょうじき**だ** 정직하다, 솔직하다 | **言い訳**わけ 변명 | **いい加減**かげん 적당히 함, 알맞게 함 | **コップ** 컵 | **まとめる** 합치다, 정리하다

Pattern Practice 1

CD 43

A 다음 동사를 명령형으로 바꿔 보세요.

기본형	～て	～なさい
書(か)く	書(か)いて	書(か)きなさい
言(い)う		
飲(の)む		
待(ま)つ		
起(お)きる		
呼(よ)ぶ		
する		
話(はな)す		
帰(かえ)る		
来(く)る		

B 다음을 〈보기〉와 같이 바꿔 보세요.

보기 言(い)う
⇒ 正直(しょうじき)に言(い)って。

1 上(あ)げる ⇒ 質問(しつもん)があったら手(て)を ＿＿＿＿＿＿＿＿ 。

2 見(み)る ⇒ 前(まえ)を ＿＿＿＿＿＿＿＿ 。

3 頑張(がんば)る ⇒ もっと ＿＿＿＿＿＿＿＿ 。

C 다음을 〈보기〉와 같이 바꿔 보세요.

보기 勉強(べんきょう)する
⇒ 遊(あそ)んでばかりいないで勉強(べんきょう)しなさい。

1 寝(ね)る ⇒ 明日(あした)も学校(がっこう)があるんだから、早(はや)く ____________ 。

2 する ⇒ 少(すこ)し静(しず)かに ____________ 。

3 書(か)く ⇒ 質問(しつもん)に対(たい)する答(こた)えを ____________ 。

4 帰(かえ)る ⇒ 気(き)をつけて ____________ 。

Listening Training

다음을 듣고 내용에 맞는 그림을 고르세요. CD 44

보기

ⓐ

ⓑ
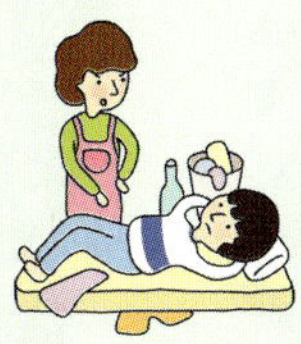

ⓒ

ⓓ

1 ________ 2 ________ 3 ________ 4 ________

WORDS

質問しつもん 질문 | **対**たい**する** 대하다, 마주보다 | **クリスマスツリー** 크리스마스 트리

Dialogue 2

CD 45

ノ・ダミ　あら、シンジ。元気？

シンジ　うん、元気だよ。お姉さんも元気そうだね。

ノ・ダミ　ハハ。最近ちょっと太ったかな。軍隊生活はどう？

シンジ　う～ん、上官がちょっと厳しくて…。前は「してもいい」って言ってたことを後で「するな」って言ったりするから、機嫌をとるのが大変。

ノ・ダミ　やっぱり軍隊生活って大変そうだね。

シンジ　いや、でも、その上官以外はみんないい人だよ。あんまり心配しないで。大丈夫だから。

Grammar in Dialogue

CD 46

1 ～な　～하지 마(강한 금지)

危険(きけん)！ここから先(さき)には入(はい)るな。

ここに落書(らくが)きするな。

何(なに)もしゃべるなと注意(ちゅうい)された。

2 ～ないで　～하지 마라(금지)

子供(こども)みたいに言(い)い訳(わけ)をしないで。

私(わたし)の分(ぶん)まで食(た)べないで。

冗談(じょうだん)だから、誤解(ごかい)しないでね。

WORDS

太ふ**とる** 살찌다 | **上官**じょうかん 상관 | **厳**きび**しい** 엄하다 | **機嫌**きげん**をとる** 비위를 맞추다 | **以外**いがい 이외 | **あんまり** 너무, 지나치게 | **落書**らくが**き** 낙서 | **しゃべる** 지껄이다, 재잘거리다 | **分**ぶん 몫 | **冗談**じょうだん 농담

Pattern Practice 2

CD 47

A 다음 동사를 금지형으로 바꿔 보세요.

기본형	～ないで	～な
書く	書かないで	書くな
笑う		
飲む		
立つ		
寝る		
呼ぶ		
する		
話す		
帰る		
来る		

B 다음을 〈보기〉와 같이 바꿔 보세요.

보기 入る
⇨ 危険！ここから先には入るな。

1 する ⇨ 会社に遅刻 ＿＿＿＿＿＿＿＿ 。

2 辞める ⇨ 途中で ＿＿＿＿＿＿＿＿ 。

3 しゃべる ⇨ 食べる時は ＿＿＿＿＿＿＿＿ 。

C 다음을 〈보기〉와 같이 바꿔 보세요.

보기 誤解する
⇒ 冗談だから、誤解しないで。

1 遊ぶ ⇒ 庭で ______________ 。

2 吸う ⇒ ここではタバコを ______________ 。

3 忘れる ⇒ 絶対、暗証番号を ______________ 。

4 とめる ⇒ ここに車を ______________ 。

Listening Training

잘 듣고 빈칸에 들어갈 말을 히라가나로 써 보세요. CD 48

1 あまり大きい声で ____________ てはいけない。

2 夢を ____________ てはいけない。

3 人の日記を ____________ てはいけない。

4 熱があるから今日は ____________ てはいけない。

WORDS

途中とちゅう 도중 | **庭**にわ 정원 | **絶対**ぜったい 절대 | **暗証番号**あんしょうばんごう 비밀번호 | **〜てはいけない** 〜하면 안 된다

Writing Note

다음 한자를 쓰면서 외워 봅시다.

한자	음	훈	획수	쓰기
遅 늦을 지	チ	おくれる/おくらす/おそい	12	遅 遅 遅 遅 遅 遅 遅 遅
刻 새길 각	コク	きざむ	8	刻 刻 刻 刻 刻 刻 刻 刻
機 틀 기	キ	はた	16	機 機 機 機 機 機 機 機
嫌 싫어할 혐	ケン/ゲン	きらう/いや	13	嫌 嫌 嫌 嫌 嫌 嫌 嫌 嫌

Reading Quiz

다음을 읽고 질문에 답해 보세요.

軍隊に入っているシンジが休暇をとってうちに帰ってきた。
軍隊の上官はけっこう厳しくて、前は「してもいい」って言ってたことを後で「するな」って言ったりするそうだ。
シンジは大丈夫だと言っていたが、やっぱり軍隊生活は大変そうだ。

Quiz 다음 중 윗글에 대한 설명으로 맞는 것은?

① 신지는 군인이다.　② 신지의 아버지는 엄격하다.　③ 신지는 유학 중이다.

* 休暇きゅうかをとる 휴가를 받다

Speaking Tool Box

★〈보기〉와 같이 금지와 명령의 표현을 만들어 보세요.

보기

もういい加減にして。/ もういい加減にしなさい。

何もしゃべるな。/ 何もしゃべらないで。

朝早く起きる

ここに落書きをする

もっと勉強する

言い訳をする

水をたくさん飲む

夜遅く帰ってくる

正直に言う

誤解する

UNIT

07 母からもらった指輪です。

어머니에게 받은 반지예요.

학 / 습 / 포 / 인 / 트　① あげる/くれる/もらう　② ～てあげる/～てくれる/～てもらう

Dialogue 1

CD 49

ノ・ダミ　高橋(たかはし)さんのストラップ、かわいいですね。

高橋　日本(にほん)にいた時(とき)に買(か)ったものですが、
気(き)に入(い)ったんだったらあげますよ。

ノ・ダミ　えっ、本当(ほんとう)にくれるんですか。ありがとう。

高橋　あっ、それ、ペアリングじゃないですか。
彼氏(かれし)できたんですか。

ノ・ダミ　いえ、これは母(はは)からもらった指輪(ゆびわ)です。

1 あげる (내가 남에게) 주다

彼女(かのじょ)にバラの花束(はなたば)をあげた。

彼(かれ)にバレンタインチョコレートをあげました。

母(はは)の日(ひ)にプレゼントをあげませんでした。

2 くれる (남이 나에게) 주다

熱(あつ)い応援(おうえん)メッセージをくれました。

母(はは)がくれた指輪(ゆびわ)です。

早(はや)く返事(へんじ)をくれて、ありがとう。

3 もらう (내가 남에게서) 받다

おばあさんからお小遣(こづか)いをもらいました。

誕生日(たんじょうび)プレゼントでもらったCD(シーディー)です。

こんな高(たか)いものをもらってもいいんですか。

WORDS

ストラップ 핸드폰 줄 | **ペアリング** 커플링 | **指輪**ゆびわ 반지 | **バラ** 장미 | **花束**はなたば 꽃다발 | **バレンタイン** 발렌타인 | **母**はは**の日**ひ 어머니의 날 | **メッセージ** 메시지 | **小遣**こづか**い** 용돈

Pattern Practice 1

CD 51

A 크리스마스 선물을 교환하고 있습니다. 그림을 잘 보고 빈칸에 알맞은 말을 넣어 보세요.

보기　ノ・ダミさんは修二(しゅうじ)さんにマフラーをもらいました。

1　ノ・ダミさんのネックレスはカオルさんが ______________ ものです。

2　シンジさんはノ・ダミさんにゲーム機(き)を ______________ 。

3　カオルさんの ______________ はノ・ダミさんがくれたものです。

4　修二(しゅうじ)さんは ______________ さんに帽子(ぼうし)をもらいました。

5　修二(しゅうじ)さんは ______________ さんにブーツをあげました。

6　修二(しゅうじ)さんの ______________ はシンジさんがくれたものです。

7　シンジさんはカオルさんにCD(シーディー)を ______________ 。

C 다음을 잘 읽어 보고 알맞은 조사를 넣어 보세요.

보기　これは母(はは) ＿に＿ もらった指輪(ゆびわ)です。

1　この手紙(てがみ)は妹(いもうと) ＿＿＿＿ くれました。

2　このかばんは彼氏(かれし) ＿＿＿＿ あげるプレゼントです。

3　会社(かいしゃ)の同僚(どうりょう) ＿＿＿＿ お土産(みやげ)をもらいました。

4　友達(ともだち) ＿＿＿＿ くれたストラップをなくした。

Listening Training

잘 듣고 빈칸에 들어갈 말을 히라가나로 써 보세요. CD 52

1　母(はは)から ＿＿＿＿＿＿ をもらいました。

2　＿＿＿＿＿＿ にチョコレートをあげます。

3　友達(ともだち)に ＿＿＿＿＿＿ をもらいました。

4　＿＿＿＿＿＿ が ＿＿＿＿＿＿ をくれました。

WORDS

マフラー 머플러 | **ブーツ** 부츠 | **ゲーム機**き 게임기 | **帽子**ぼうし 모자 | **ネックレス** 목걸이 | **お土産**みやげ 선물, 특산품

Dialogue 2

CD 53

千秋	今日の試合、最高でしたね！
高橋	やっぱり逆転勝ちは気持ちいいですね。
ノ・ダミ	野球場に連れてきてもらってよかった！ 野球のルールはまだよく分からないですけど、千秋さんが解説してくれたおかげでなんとか理解できました。
千秋	それはよかったですね。
高橋	また一緒に来ましょうよ。今度は僕が解説してあげますから。
ノ・ダミ	はい、また連れてきてくださいね。

Grammar in Dialogue

CD 54

1 ~てあげる (내가 남에게) ~해 주다

父(ちち)にマッサージをしてあげました。

自分(じぶん)より弱(よわ)い人(ひと)には負(ま)けてあげられる人(ひと)になりたいです。

冷(つめ)たかったら温(あたた)めてあげます。

2 ~てくれる (남이 나에게) ~해 주다

山(やま)が生(い)き方(かた)を教(おし)えてくれました。

知(し)り合(あ)いがなかなかお金(かね)を返(かえ)してくれないんです。

忙(いそが)しいのに来(き)てくれてありがとう。

3 ~てもらう (남으로부터) ~해 받다

髪(かみ)をカットしてもらいました。

いい日本語教材(にほんごきょうざい)を紹介(しょうかい)してもらえますか。

一緒(いっしょ)に写真(しゃしん)を撮(と)らせてもらっていいですか。

WORDS

逆転勝ぎゃくてんが**ち** 역전승 | **野球場**やきゅうじょう 야구장 | **ルール** 룰, 규칙 | **解説**かいせつ 해설 | **マッサージ** 마사지 | **弱**よわ**い** 약하다 | **負**ま**ける** 지다 | **生**い**き方**かた 살아가는 태도, 생활 방식 | **知**し**り合**あ**い** 아는 사이, 지인 | **なかなか** 꽤, 상당히 | **教材**きょうざい 교재

Pattern Practice 2

CD 55 

A 다음을 〈보기〉와 같이 바꿔 말해 보세요.

> 보기 お金(かね)が足(た)りない / 貸(か)す
>
> ⇨ A お金(かね)が足(た)りないなら、貸(か)してあげましょうか。
>
> B えっ、いいんですか。ありがとうございます。

1 都合(つごう)が悪(わる)い / 代(か)わりに行(い)く

⇨ A ______________________

B えっ、いいんですか。ありがとうございます。

2 字(じ)が読(よ)みづらい / 読(よ)む

⇨ A ______________________

B えっ、いいんですか。ありがとうございます。

3 直接(ちょくせつ)言(い)えない / 伝(つた)える

⇨ A ______________________

B えっ、いいんですか。ありがとうございます。

4 うまくできない / 仕事(しごと)を手伝(てつだ)う

⇨ A ______________________

B えっ、いいんですか。ありがとうございます。

5 頭(あたま)が痛(いた)い / 薬(くすり)を買(か)う

⇨ A ______________________

B えっ、いいんですか。ありがとうございます。

B 다음을 〈보기〉와 같이 바꿔 말해 보세요.

보기 先輩 / いい本を紹介する
⇨ A 先輩、いい本を紹介してくれて、感謝してます。
B いや、大したことじゃないから。

1 修二さん / 一緒に来る ⇨ A ______
B いや、大したことじゃないから。

2 千秋さん / 引越しを手伝う ⇨ A ______
B いや、大したことじゃないから。

3 吉田さん / 作文を直す ⇨ A ______
B いや、大したことじゃないから。

C 다음을 〈보기〉와 같이 바꿔 보세요.

보기 千秋さん / 一緒に来る
⇨ 千秋さんに一緒に来てもらいました。

1 お母さん / お弁当を作る
⇨ ______

2 お隣さん / 宅配を預かる
⇨ ______

WORDS

都合つごう 형편, 사정 | **貸**か**す** 빌려 주다 | **代**か**わり** 대신 | **～づらい** ～하기 곤란하다, ～하기 거북하다 | **紹介**しょうかい 소개 | **引越**ひっこ**し** 이사 | **感謝**かんしゃ 감사 | **作文**さくぶん 작문 | **直**なお**す** 고치다 | **お隣**となり**さん** 이웃사람 | **宅配**たくはい 택배 | **預**あず**かる** 맡다

Pattern Practice 2

D 다음을 잘 읽어보고 둘 중에서 알맞은 표현을 골라 보세요.

보기 会社で同僚に傘を貸して もらいました / くれました 。

1 祖母は毎年誕生日プレゼントを送って くれます / あげます 。

2 友達にはやりの歌を歌って もらいました / くれました 。

3 娘の誕生日に手袋を買って あげました / くれました 。

4 弟の宿題を手伝って あげました / くれました 。

Listening Training

잘 듣고 다음 설명이 맞으면 ○, 틀리면 × 표시를 하세요. CD 56

1 ______ 나는 누나에게 멋진 스카프를 사 주었습니다.

2 ______ 치아키 씨가 나에게 사전을 선물해 주었습니다.

3 ______ 요시다 씨가 나에게 일본 요리 만드는 법을 가르쳐 주었습니다.

4 ______ 전철 안에서 학생에게 자리를 양보해 주었습니다.

WORDS

祖母そぼ 조모, 할머니 | **はやり** 유행 | **手袋**てぶくろ 장갑 | **席**せき**をゆずる** 자리를 양보하다

Writing Note

다음 한자를 쓰면서 외워 봅시다.

한자	음	훈	획수	필순	쓰기 연습
指 손가락 **지**	シ	ゆび/さす	9	一 十 扌 扌 扌 扌 指 指 指	指 指 指 指 指 指 指 指
輪 바퀴 **륜**	リン	わ	15	一 丅 亓 百 亘 亘 車 車 軡 軡 軡 輪 輪 輪 輪	輪 輪 輪 輪 輪 輪 輪 輪
競 다툴 **경**	キョウ/ケイ	きそう/せる	20	丶 亠 亠 立 立 产 音 音 音 竟 竟 竟 竟 竟 竟 竞 竞 竞 竞 競	競 競 競 競 競 競 競 競
技 재주 **기**	ギ	わざ	7	一 十 扌 扌 扌 抆 技	技 技 技 技 技 技 技 技

Reading Quiz

다음을 읽고 질문에 답해 보세요.

初めて野球を見に行ってきた。やっぱり逆転勝ちは気持ちがいい。
野球場に連れて行ってもらってよかったと思う。
野球のルールはよく分からないけど、
千秋さんが解説してくれたおかげでなんとか理解できた。
また一緒に野球を見に行くことにした。

Quiz 글쓴이가 본 야구 경기의 결과는?

① 이겼다.　　② 졌다.　　③ 비겼다.

*初はじめて 처음으로

Speaking Tool Box

★ 기억에 남는 선물에 대해 말해 보세요.

보기 誕生日(たんじょうび)プレゼントでCD(シーディー)をもらいました。
彼女(かのじょ)に手作(てづく)りのバレンタインチョコレートをもらいました。

応援メッセージ
응원 메시지

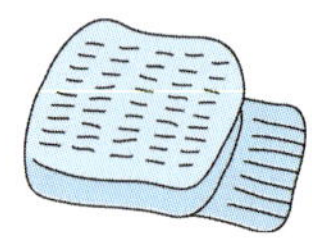

手編(てあ)みのマフラー
손뜨개 목도리

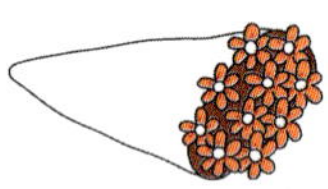

バラの花束(はなたば)
장미 꽃다발

告白(こくはく)の手紙(てがみ)
고백 편지

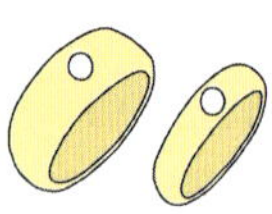

ペアリング
커플링

ポートレート
초상화

クマのぬいぐるみ
곰 인형

ケータイ
휴대 전화

★ 남에게 도움을 받은 경험에 대해 말해 보세요.

보기 先生にいい日本語教材を紹介してもらいました。
友達に引越しを手伝ってもらいました。

お金を貸す
돈을 빌려 주다

病院に一緒に行く
병원에 같이 가다

お弁当を作る
도시락을 만들다

宿題を手伝う
숙제를 도와주다

市内を案内する
시내를 안내하다

パソコンを直す
컴퓨터를 고치다

荷物を持つ
짐을 들다

痴漢から助ける
치한으로부터 구하다

UNIT 08

少々お待ちください。

잠시 기다려 주십시오.

학 / 습 / 포 / 인 / 트

① お/ご+ます형/한자어+になる(존경)　② お/ご+ます형/한자어+ください(존경)
③ お/ご+ます형/한자어+する/いたす(겸양)　④ 특수한 존경어와 겸양어

Dialogue 1

CD 57

ノ・ダミ　あのう、これ、ちょっと大(おお)きいサイズありますか。

店員　確認(かくにん)してみますので、こちらにおかけになって少々(しょうしょう)お待(ま)ちください。

（しばらくして）

店員　お客様(きゃくさま)、大変(たいへん)お待(ま)たせいたしました。
申(もう)し訳(わけ)ございませんが、このデザインの大(おお)きいサイズはただいま切(き)らしておりまして。

ノ・ダミ　あ、そうですか。分(わ)かりました。どうも。

Grammar in Dialogue

CD 58

1 お/ご + ます형/한자어 + になる　~하시다(존경)

何時ごろお帰りになりますか。

この報告書はお読みになりましたか。

ご利用になる前に説明書をお読みください。

2 お/ご + ます형/한자어 + ください　~해 주십시오(존경)

この仕事は私にお任せください。

ご自由にお入りください。

お気軽にご連絡ください。

3 お/ご + ます형/한자어 + する/いたす　~하다(겸양)

何かお手伝いしましょうか。

こちらからお電話いたします。

料金についてご案内いたします。

WORDS

かける 걸터앉다 | **少々**しょうしょう 약간, 조금 | **お客様**きゃくさま 고객님 | **申**もう**し訳**わけ**ない** 면목없다, 미안하다 | **デザイン** 디자인 | **ただいま** 지금, 현재 | **切**き**らす** 바닥내다, 끊어지다 | **どうも** 가벼운 인사말, 정말, 대단히 | **~ごろ** ~쯤, ~경 | **報告書**ほうこくしょ 보고서 | **利用**りよう 이용 | **気軽**きがる**だ** 가볍다, 선선하다 | **案内**あんない 안내

Pattern Practice 1

CD 59

A 다음을 〈보기〉와 같이 바꿔 보세요.

> 보기 今日(きょう) / 帰(かえ)る
>
> ⇒ A 社長(しゃちょう)、今日(きょう)は何時(なんじ)にお帰(かえ)りになりますか。
>
> B 7時(しちじ)に帰(かえ)る予定(よてい)だ。

1 飛行機(ひこうき) / 乗(の)る ⇒ A ______________________

B ______________________

2 明日(あした) / 出(で)かける ⇒ A ______________________

B ______________________

B 다음을 〈보기〉와 같이 바꿔 보세요.

> 보기 任(まか)せる ⇒ この仕事(しごと)は私(わたし)にお任(まか)せください。
>
> 連絡(れんらく) ⇒ お気軽(きがる)にご連絡(れんらく)ください。

1 待(ま)つ ⇒ ここでしばらく ______________ 。

2 書(か)く ⇒ ここに住所(じゅうしょ)とお名前(なまえ)を ______________ 。

3 利用(りよう) ⇒ また ______________ 。

4 注意(ちゅうい) ⇒ 足元(あしもと)に ______________ 。

C 다음을 〈보기〉와 같이 바꿔 보세요.

보기
手伝(てつだ)う ⇒ 私(わたし)がお手伝(てつだ)いします。
案内(あんない) ⇒ 料金(りょうきん)についてご案内(あんない)いたします。

1 持(も)つ ⇒ そのかばん、私(わたし)が ______________ 。

2 撮(と)る ⇒ 私(わたし)が写真(しゃしん)を ______________ 。

3 紹介(しょうかい) ⇒ 当社(とうしゃ)の新製品(しんせいひん)を ______________ 。

4 報告(ほうこく) ⇒ 今日(きょう)の予定(よてい)を ______________ 。

Listening Training

다음을 듣고 내용에 맞는 그림을 고르세요. CD 60

보기

ⓐ

ⓑ

ⓒ

ⓓ

1 ________ 2 ________ 3 ________ 4 ________

WORDS

しばらく 잠시 | 住所じゅうしょ 주소 | 足元あしもと 발밑, 발치 | 新製品しんせいひん 신제품

Dialogue 2

CD 61

関口	はい、日本電産営業部(にほんでんさんえいぎょうぶ)でございます。
千秋	田中商事(たなかしょうじ)の千秋(ちあき)と申(もう)しますが、 山田課長(やまだかちょう)いらっしゃいますか。
関口	あ、千秋(ちあき)さん。いつもお世話(せわ)になっております。 あいにく山田(やまだ)は席(せき)を外(はず)しております。 戻(もど)りましたらこちらから折(お)り返(かえ)しお電話(でんわ)するよう 伝(つた)えましょうか。
千秋	そうですか。それではよろしくお願(ねが)いいたします。 では、失礼(しつれい)します。

1 특수한 존경어와 겸양어

	존경어	겸양어
する 하다	される / なさる	いたす
くれる 주다	くださる	
いる 있다	いらっしゃる	おる
言(い)う 말하다	おっしゃる	申(もう)す
見(み)る 보다	ご覧(らん)になる	拝見(はいけん)する
行(い)く 가다	いらっしゃる	参(まい)る
来(く)る 오다	いらっしゃる	参(まい)る
会(あ)う 만나다		お目(め)にかかる
知(し)っている 알고 있다	ご存(ぞん)じだ	存(ぞん)じておる
食(た)べる 먹다	召(め)し上(あ)がる	いただく

先生(せんせい)がおっしゃった通(とお)りです。 ¦ 先生(せんせい)が言(い)った通(とお)りです。

ご覧(らん)になってください。 ¦ 見(み)てください。

たくさん召(め)し上(あ)がってください。 ¦ たくさん食(た)べてください。

分(わ)かっております。 ¦ 分(わ)かっています。

一度(いちど)お目(め)にかかりたいんですが。 ¦ 一度(いちど)会(あ)いたいんですが。

もちろん存(ぞん)じております。 ¦ もちろん知(し)っています。

WORDS

商事しょうじ 상사 | **課長**かちょう 과장 | **席**せき**を外**はず**す** 자리를 비우다 | **折**お**り返**かえ**し** 되짚어, 즉시 | **～通**とお**り** ～대로

Pattern Practice 2

CD 63 

A 다음 동사를 겸양어와 존경어로 바꿔 보세요.

> 보기　いる
>
> ⇒ 私はソウルに住んでおります。
>
> 先生はソウルに住んでいらっしゃいます。

1　来る　⇒ 私は韓国から ________ ました。

先生は韓国から ________ ました。

2　食べる　⇒ 昨日部長のお宅で日本料理を ________ ました。

先生はどんな料理を ________ ましたか。

3　知る　⇒ 私は彼のことを ________ ません。

校長先生は彼のことを ________ ですか。

4　見る　⇒ 先生の作品を ________ ました。

先生はあの作品を ________ ましたか。

5　言う　⇒ 私はノ・ダミと ________ ます。

先生はよく冗談を ________ ます。

B **다음을 〈보기〉와 같이 바꿔 보세요.**

보기　どちらに住(す)んでいますか。

⇒ どちらに住(す)んでいらっしゃいますか。

1　少(すこ)し待(ま)ってくれますか。

⇒ ______________________

2　パーティーに行(い)きますか。

⇒ ______________________

3　ゴルフをしますか。

⇒ ______________________

Listening Training

잘 듣고 다음 설명이 맞으면 ○, 틀리면 × 표시를 하세요. CD 64

1 ______ 부장님은 지금 집에 계십니다.

2 ______ 선생님은 점심에 튀김 정식을 드셨습니다.

3 ______ 선생님은 저에 대해서 잘 알고 계십니다.

4 ______ 사장님은 이 뮤지컬을 아직 안 보셨습니다.

WORDS

校長こうちょう 교장 | **ゴルフ** 골프 | **お宅**たく 댁(집 · 가정의 높임말) | **てんぷら** 튀김 | **ミュージカル** 뮤지컬

Writing Note

다음 한자를 쓰면서 외워 봅시다.

案 책상 **안**	음 アン / 획수 10	案 案 案 案 案 案 案 案
内 안 **내**	음 ナイ/ダイ / 훈 うち / 획수 4 丨 冂 内 内	内 内 内 内 内 内 内 内
営 경영할 **영**	음 エイ / 훈 いとなむ / 획수 12	営 営 営 営 営 営 営 営
業 업 **업**	음 ギョウ/ゴウ / 훈 わざ / 획수 13	業 業 業 業 業 業 業 業

Reading Quiz

다음을 읽고 질문에 답해 보세요.

① おかけになったお電話は、電波の届かない場所にあるか、電源が入っていないため、かかりません。

② おかけになったお電話番号は、現在使われておりません。
恐れ入りますが、番号をお確かめになって、おかけ直し下さい。

③ おかけになったお電話は、お客様の都合により通話ができなくなっております。

Quiz 현재 사용되지 않는 번호에 걸었을 때 나오는 메시지는 무엇입니까?

* 電波でんぱ 전파 | 届とどく 닿다, 미치다 | 電源でんげん 전원 | かけ直なおす 다시 걸다

Speaking Tool Box

★ 다음을 〈보기〉와 같이 정중한 표현으로 말해 보세요.

보기
少々お待ちください。
大変お待たせいたしました。

自由に入ってください。

こちらから電話します。

気軽に連絡してください。

私が案内します。

説明書を見てください。

後で連絡します。

こちらへ電話くれるように伝えてください。

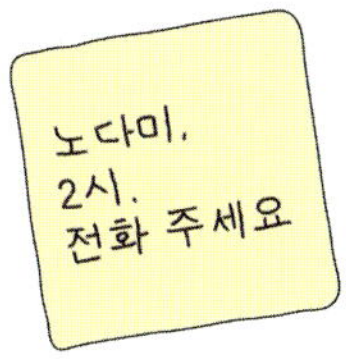

持ちますか。

정답 및 해석

정답 및 해석

UNIT 01 ワインバーに行こうと思ってる。

Dialogue 1

치아키	노다미 씨, 와인 좋아해요? 오늘 와인 바에 가려고 하는데, 괜찮으면 같이 가지 않을래요?
노다미	좋아요. 다카하시 씨도 가나요?
치아키	다카하시 씨도 가자고 하려고 했는데, 다이어트 중이니까.
노다미	아쉽네요. 치아키 씨는 어떤 와인을 좋아하세요?
치아키	화이트 와인을 좋아하는데, 소비뇽 블랑을 제일 좋아해요.

Pattern Practice 1

A

書こう	飛ぼう
飲もう	使おう
話そう	立とう
作ろう	寝よう
呼ぼう	見よう
勉強しよう	聞こう
遊ぼう	乗ろう
来よう	泳ごう

B

1 駅前で会おう。

2 みんなで食べよう。

3 飲み会をしよう。

C

1 私は医者になろうと思っています。

2 私は日本で就職しようと思っています。

3 私は父の仕事を手伝おうと思っています。

4 私は部屋で休もうと思っています。

Listening Training

1 ⓑ　2 ⓒ　3 ⓐ　4 ⓓ

script

1 A 夏休みに何をしますか。

B 友達とパリを旅行しようと思っています。

2 A 休みに何をしますか。

B 家で休もうと思っています。

3 A 冬休みに何をしますか。

B 英語を習おうと思っています。

4 A 夏休みにどこか行きますか。

B 海に行こうと思っています。

Dialogue 2

노다미	휴대폰을 바꾸려고 하는데요, 최신형 휴대폰에는 어떤 게 있나요?
점원	요즘은 아이폰 등의 터치식 휴대폰이 인기 있어요.
노다미	아이폰을 살까 생각했었는데, 기본요금이 비싸서요.
점원	다른 휴대폰에 비해 좀 비쌀지도 모르지만, 다채로운 애플리케이션이 매력적이에요. 이건 어떠세요? 가격도 적당한데요.

Pattern Practice 2

A

1 休みに温泉に行こうかと思ったんですが、予算が足りなかったんです。

2 ホテルに泊まろうかと思ったんですが、料金が高かったんです。

3 新しい家に引っ越そうかと思ったんですが、いい家が見つからなかったんです。

4 30歳までに結婚しようかと思ったんですが、いい相手がいなかったんです。

5 パイロットになろうかと思ったんですが、目が悪くてなれなかったんです。

6 ホテルを予約しようかと思ったんですが、満室だったんです。

B

1 物価は去年に比べて高くなりました。

2 最近は若い頃に比べて体重が増えました。

3 日本の交通事故は10年前に比べて40％減りました。

Listening Training

1 ×　　2 ○　　3 ×　　4 ○

script

1 岩男さんは他の人に比べて背が高いです。

2 幸子さんは高子さんに比べて髪が長いです。

3 高子さんは他の人に比べて顔が大きいです。

4 まるさんは他の人に比べて太っています。

Reading Quiz　answer ②

노다미 씨와 와인 바에 갔다 왔다.
다카하시 씨도 가자고 하려고 했는데, 다이어트 중이니까 둘이서 가기로 했다. 나는 레드 와인보다는 화이트 와인을 좋아하고, 가장 좋아하는 와인은 소비뇽 블랑이다.

UNIT 02 確かに大変そうです。

Dialogue 1

다카하시　요즘 외로워서……. 애완동물이라도 키울까?
노다미　애완동물은 귀엽지만, 보살피는 게 제법 힘들어요.
다카하시　분명히 힘들 것 같지만, 그래도 키우고 싶어요.
아, 맞다. 노다미 씨는 고양이를 키우고 있다고 했지요.
혹시 새끼 고양이를 낳으면 꼭 저에게…….
노다미　그건 좀……. 우리 고양이는 수컷이거든요.

Pattern Practice 1

A

1 チョナン・カンさんは歌手だそうです。

2 チョナン・カンさんは韓国語が上手だそうです。

3 チョナン・カンさんは派手な服が好きだそうです。

4 あまみやほたるさんは仕事ができるそうです。

5 あまみやほたるさんは恋人がいないそうです。

6 あまみやほたるさんはビールが好きだそうです。

B

1 死にそう

2 ぶつかりそう

3 忙しそう

4 優しそう

Listening Training

1 ⓓ　　2 ⓐ　　3 ⓒ　　4 ⓑ

script

1 A そちらの天気はどうですか。
　B 今にも雨が降りそうです。

2 A このケーキ、どうですか。
　B あら、おいしそう。

3 A 千秋さんは今日も忙しいですか。
　B 今日は暇そうです。

4 A どうしたんですか。
　B 暑くて死にそうです。

Dialogue 2

노다미　어머! 다카하시 씨, 무슨 일 있어요?
　　　　눈 밑에 다크서클이 생겼어요.
다카하시　요즘 잠을 잘 못 자서…….
노다미　불면증인가요? 무슨 고민이라도?
다카하시　실은 요즘 게임에 빠져 있어서, 어제도 밤 늦게까지 게임을 하는 바람에.
노다미　게임 중독 같네요. 눈이 판다같이 됐어요.

Pattern Practice 2

A

1 帰ったようです

2 好きなようです

3 喜んでいるようです

B

1 彼女は死んだように眠っています。

2 父は子供のようにゲームをしています。

3 アイフォーンは飛ぶように売れています。

C

1 最近彼と会えなくて…。忙しいみたいです。

2 最近娘が言うことを聞かなくて…。反抗期みたいです。

3 最近小さい字が見えなくて…。目が悪くなったみたいです。

Listening Training

1 ×　　2 ×　　3 ○　　4 ○

script

1 あの二人はまるで兄弟のように似ている。

2 彼は今日、かなり疲れているみたいです。

3 多くの人がアイドル歌手にはまっているようです。

4 病気が嘘みたいによくなってうれしいです。

Reading Quiz　answer ①

요즘 왠지 외로워서 애완동물이라도 키워 볼까 생각하고 있다. 보살피는 것은 힘들 것 같지만, 그래도 키우고 싶다. 강아지와 고양이 둘 다 좋아하지만, 얌전한 고양이보다 활발하고 명랑한 강아지가 나와 궁합이 맞을 것 같다.

UNIT 03 料理のできる男がモテるらしい。

Dialogue 1

다카하시　치아키 씨는 요리를 잘한다면서요.
치아키　아뇨, 별거 아니에요.
다카하시　요새는 요리를 잘하는 남자가 인기가 있다고 해서, 저도 요리학원에 다녀 볼까 생각 중이에요.
치아키　그것도 좋을 것 같지만, 자기답게 사는 게 제일 아닐까요? 다카하시 씨는 남자다운 면이 매력이라고 생각하거든요.

Pattern Practice 1

A

1 結婚するらしい

2 面白くないらしい

3 作るらしい

4 新宿らしい

5 有名らしい

6 難しいらしい

B

1 子供らしい

2 女らしい

3 病気らしい

Listening Training

1 ○　　2 ×　　3 ○　　4 ×

script

1 今年の春は寒くて春らしくない。

2 中国の男性はすごく料理がうまいらしいです。

3 優しくて男らしい男性が好きです。

4 サッカーの試合は土曜日の夜放送するらしいです。

Dialogue 2

다카하시　여동생 결혼식이 있어서, 다음 주에 일본에 가요.
노다미　그것 참 축하해요. 여동생은 몇 살이에요?
다카하시　21살이에요. 아직 대학생인데, 아이가 생겨서 10월에 태어날 예정이에요.
노다미　속도위반 결혼이에요?
다카하시　맞아요. 내가 먼저 결혼할 생각이었는데, 여동생이 먼저 가서. 그래서 저도 올해 안에는 결혼할 작정이에요.
노다미　여자친구는 있어요?
다카하시　아뇨, 그게 아직…….

Pattern Practice 2

A

1 合コンする予定です

2 友達の結婚式に行く予定です

3 京都を旅行する予定です

4 3時に始まる予定です

5 帰ってくる予定です

B

1 A お盆に実家へ帰るんですか。
B はい、帰るつもりです。/ いいえ、帰らないつもりです。

2 A 新しい車を買うんですか。
B はい、買うつもりです。/ いいえ、買わないつもりです。

3 A 今夜の飲み会に参加するんですか。
B はい、参加するつもりです。/ いいえ、参加しないつもりです。

Listening Training

1 ×　　2 ○　　3 ○　　4 ×

script

1 来年、イギリスへ留学に行く予定です。

2 日曜日の2時に野球の試合が始まる予定です。

3 ダイエットするので、ハンバーガーなどは食べないつもりです。

4 毎日、日記を書くつもりです。

Reading Quiz　answer ①

다음 주에 여동생 결혼식이 있어서 일본에 간다.
여동생은 21살로 아직 대학생이지만, 아이가 생겨서 결혼하게 되었다. 아이는 10월에 태어날 예정이다. 귀여운 여자아이라면 좋을 텐데. 나도 빨리 아이를 갖고 싶어졌다.

UNIT 04 時々恋人と誤解されるんです。

Dialogue 1

다카하시　앗, 이 사람 애인이에요?
노다미　아니요, 남동생이에요.
다카하시　남동생이군요. 사이가 좋은 것 같네요. 부러워요.
노다미　어렸을 때는 자주 싸워서 부모님에게 혼났는데, 지금은 사이가 좋아요. 종종 애인으로 오해를 받아요.
다카하시　남동생은 학생이에요?
노다미　네, 대학생인데, 지금은 군대에 가 있어요.

Pattern Practice 1

A

書かれる	壊される
踏まれる	助けられる
死なれる	聞かれる
叱られる	立たれる
行われる	来られる
使われる	反対される
呼ばれる	騒がれる

B

1 取られました

2 踏まれました

3 注意されました

4 怒られました

C

1 毎年、秋に運動会が開かれます。

2 市長には吉田さんが選ばれました。

3 今日から予約販売が開始されます。

Listening Training

1 呼ばれ	2 死なれ
3 叱られ	4 反対され

script

1 A 田中さん、部長が呼んでましたよ。

B あ、そうですか。すぐ行きます。

2 A 葉子さん、何かあったんですか。

B ペットのシロちゃんが死んじゃって、一晩中泣いてたの。

3 A 達也君、元気がないですね。何かあったんですか。

B ご飯も食べないでゲームをしてたから、少し叱ったんですよ。

4 A 由美ちゃん、いつ結婚するの？ 彼と5年も付き合ってるんでしょ。

B それがね、親がすごく反対してて。うまくいかないかも…。

Dialogue 2

치아키　노다미 씨도 화장을 지우면 누군지 알 수 없게 되나요?
노다미　그 정도는 아닌데, 역시 쌩얼로는 밖에 나갈 수가 없어요.
다카하시　그럴 리가요. 맨얼굴도 예쁠 것 같은데요.
노다미　그렇게 말씀하시니 부끄럽네요.
치아키　다카하시 씨, 안경을 사는 게 좋지 않을까요?

Pattern Practice 2

A

1 降られ

2 ひかれ

3 泣かれ

B

1 先生、どう思われますか。

2 先生、昨日ソウルに戻られましたか。

3 先生、どこに行かれますか。

C

1 案じられ

2 感じられ

3 建てられ

Listening Training

1 買われ　　2 知られ
3 思い出され　　4 取られ

script

1 部長は先月、新しい車を買われたそうです。

2 このブランドは世界的によく知られています。

3 昔のことが懐かしく思い出されます。

4 地下鉄で泥棒に財布を取られました。

Reading Quiz answer ③

화장을 지우면 누구인지 알 수 없게 되는 정도는 아니지만,
역시 쌩얼로는 밖에 나갈 수 없다.
대학생 때 남자친구에게 맨얼굴을 보이고서 차인 트라우마가 있다.

UNIT 05 僕に行かせてください。

Dialogue 1

다카하시　들었어요? 기무라 씨, 해고되었대요.
노다미　아, 정말이요?
다카하시　부장님에게 '왜 야근을 시킵니까?'라고 말했대요.
노다미　그건 기무라 씨 말투가 나빴네요.
부장　아, 모두 여기에 있었군요. 누가 이것 좀 복사해 줘요.
노다미　부장님, 제가 갔다 올게요.
다카하시　아뇨, 제가 가게 해 주세요.

Pattern Practice 1

A

書かせる	覚えさせる
待たせる	聞かせる
喜ばせる	飲ませる
習わせる	心配させる
使わせる	来させる
遊ばせる	立たせる
話させる	泳がせる

B

1 A 何で野菜を食べさせるんですか。
B 健康にいいからです。

2 A 何で練習させるんですか。
B 試合があるからです。

3 A 何で塾に通わせるんですか。
B もうすぐ受験だからです。

C

1 休ませてください

2 発表させてください

3 使わせてください

4 聞かせてください

Listening Training

1 ○　　2 ×　　3 ○　　4 ×

script

1 僕にコピーをとらせてください。

2 私に仕事をやらせてくだい。

3 車を使わせてください。

4 ここでバスケットボールの練習をさせてください。

Dialogue 2

노다미　남자는 첫사랑을 잊지 못한다고 하던데, 그런가요?
다카하시　그래요. 저도 그녀 때문에 눈물을 흘렸지만,
아직도 잊을 수가 없어요.
노다미　실은 어제 오랜만에 고등학교 동창에게 전화가 와서, 제가 첫사랑이었다는 고백을 들었어요.

다카하시　와~. 노다미 씨를 잊지 못해서 마침내 용기를 낸 거군요.
노다미　근데 그게……. 그 사람, 보험 회사에 다니고 있어서 보험에 가입하게 되었어요.

Pattern Practice 2

A

書かせられる	覚えさせられる
待たせられる	食べさせられる
飲ませられる	辞めさせられる
習わせられる	練習させられる
使わせられる	来させられる
喜ばせられる	立たせられる
話させられる	行かせられる

B

1 車を洗わせられます

2 食べさせられます

3 練習させられます

C

1 私、転勤させられるかもしれないの。

2 私、大勢の前で歌わせられるかもしれないの。

3 私、打ち合わせに一人で行かせられるかもしれないの。

Listening Training

1 ⓑ　2 ⓒ　3 ⓓ　4 ⓐ

script

1 友達に1時間も待たせられました。

2 彼女に高い服を買わせられました。

3 地方の事務所へ転勤させられました。

4 今日も残業させられました。

Reading Quiz　answer ①

오랜만에 고등학교 동창한테 전화가 왔다.
내가 그의 첫사랑이었다고 고백해서 깜짝 놀랐다.
나를 못 잊어서 고백했구나 하고 생각했는데, 실은 그 사람이 보험 회사에 다녀서 보험에 가입하게 되었다.

UNIT 06 しっかりしなさい。

Dialogue 1

어머니　벌써 시간 됐다. 일어나. 8시야.
노다미　아, 이런. 또 지각이다!
어머니　밥 먹어.
노다미　됐어요. 늦을 것 같아서.
어머니　밤 늦게 자니까 아침에 못 일어나지. 이제 정신 좀 차려라. 오늘은 일찍 돌아와. 신지가 돌아오니까.

Pattern Practice 1

A

書いて	書きなさい
言って	言いなさい
飲んで	飲みなさい
待って	待ちなさい
起きて	起きなさい
呼んで	呼びなさい
して	しなさい
話して	話しなさい
帰って	帰りなさい
来て	来なさい

B

1 上げて

2 見て

3 頑張って

C

1 寝なさい

2 しなさい

3 書きなさい

4 帰りなさい

Listening Training

1 ⓓ　2 ⓐ　3 ⓒ　4 ⓑ

script

1 A こんな時間に何してんの？ 早く寝なさい。

B ちょっとこれだけ見て寝るから。

2 A このケーキ、おいしそうね。

B うん、食べてみて。

3 A ねえねえ、これ見て。クリスマスツリーよ。

B まだ11月なのにもう作ってるんだ。

4 A これ、何よ。ちょっと部屋片付けなさい。

B はーい。

Dialogue 2

노다미　어머, 신지야. 잘 지냈어?
신지　응, 잘 지냈어. 누나도 잘 지낸 것 같네.
노다미　하하. 요새 좀 살이 쪘나? 군대 생활은 어때?
신지　음~. 상관이 좀 엄해서…. 전에는 '해도 돼'라고 했던 것을 나중에 '하지 마'라고 말하곤 하니까, 비위를 맞추기 힘들어.
노다미　역시 군대 생활은 힘든 것 같구나.
신지　아니, 그래도 그 상관 이외엔 모두 좋은 사람이야. 너무 걱정하지 마. 괜찮으니까.

Pattern Practice 2

A

書かないで	書くな
笑わないで	笑うな
飲まないで	飲むな
立たないで	立つな
寝ないで	寝るな
呼ばないで	呼ぶな
しないで	するな
話さないで	話すな
帰らないで	帰るな
来ないで	来るな

B

1 するな

2 辞めるな

3 しゃべるな

C

1 遊ばないで

2 吸わないで

3 忘れないで

4 とめないで

Listening Training

1 話し　2 あきらめ
3 見　4 運動し

script

1 あまり大きい声で話すな。

2 夢をあきらめるな。

3 人の日記を見るな。

4 熱があるから今日は運動するな。

Reading Quiz answer ①

군대에 있는 신지가 휴가를 받아 집에 돌아왔다.
군대 상관이 제법 엄해서, 전에는 '해도 돼'라고 했던 것을 나중에 '하지 마'라고 말하곤 한다고 한다.
신지는 괜찮다고 말했지만, 역시 군대 생활은 힘든 것 같다.

UNIT 07 母からもらった指輪です。

Dialogue 1

노다미	다카하시 씨 휴대폰 줄, 귀엽네요.
다카하시	일본에 있을 때 산 건데, 마음에 든다면 드릴게요.
노다미	아, 정말 주는 거예요? 고마워요.
다카하시	앗, 그거 커플링 아니에요? 남자친구 생겼어요?
노다미	아뇨, 이건 어머니한테 받은 반지예요.

Pattern Practice 1

A

1 くれた

2 もらいました

3 かばん

4 ノ・ダミ

5 カオル

6 本(ほん)

7 あげました

B

1 が

2 に

3 に/から

4 が

Listening Training

1 指輪(ゆびわ)　2 千秋先輩(ちあきせんぱい)
3 CD(シーディー)　4 父(ちち) / ゲーム機(き)

script

1 A あれ、きれいな指輪(ゆびわ)だね。ペアリング？
B いえ、実(じつ)は母(はは)がくれたものなんです。

2 A このチョコレート、誰(だれ)にあげるつもり？もしかして僕(ぼく)に？
B じゃなくて、千秋先輩(ちあきせんぱい)にあげるんです。

3 A それ、新(あたら)しいCD(シーディー)じゃない？買(か)ったの？
B いや、誕生日(たんじょうび)プレゼントに友達(ともだち)からもらったんだ。

4 A 卒業記念(そつぎょうきねん)に父(ちち)から新(あたら)しいゲーム機(き)もらったの。
B わあ、うらやましい。

Dialogue 2

치아키	오늘 경기 최고였어요!
다카하시	역시 역전승은 기분이 좋군요.
노다미	야구장에 데려와 주셔서 좋았어요! 야구 규칙은 아직 잘 모르지만, 치아키 씨가 해설해 준 덕분에 그럭저럭 이해할 수 있었어요.
치아키	그거 다행이네요.
다카하시	또 같이 와요. 이번엔 제가 해설해 드릴게요.
노다미	네, 또 데려와 주세요.

Pattern Practice 2

A

1 都合(つごう)が悪(わる)いなら、代(か)わりに行(い)ってあげましょうか。

2 字(じ)が読(よ)みづらいなら、読(よ)んであげましょうか。

3 直接言(ちょくせつい)えないなら、伝(つた)えてあげましょうか。

4　うまくできないなら、仕事を手伝ってあげましょうか。

5　頭が痛いなら、薬を買ってあげましょうか。

B

1　修二さん、一緒に来てくれて、感謝してます。

2　千秋さん、引越しを手伝ってくれて、感謝してます。

3　吉田さん、作文を直してくれて、感謝してます。

C

1　お母さんにお弁当を作ってもらいました。

2　お隣さんに宅配を預かってもらいました。

D

1　くれます

2　もらいました

3　あげました

4　あげました

Listening Training

1 ○	2 ×	3 ○	4 ×

script

1　僕は姉に素敵なスカーフを買ってあげました。

2　千秋さんが私に辞書を貸してくれました。

3　私は吉田さんに日本料理の作り方を教えてもらいました。

4　電車の中で学生に席をゆずってもらいました。

Reading Quiz　answer ①

처음 야구를 보러 갔다 왔다. 역시 역전승은 기분이 좋다.
야구장에 데려가 줘서 좋았다고 생각한다.
야구 규칙은 잘 모르지만, 치아키 씨가 해설해 준 덕분에 그럭저럭 이해할 수 있었다.
또 같이 야구를 보러 가기로 했다.

UNIT 08　少々お待ちください。

Dialogue 1

노다미　저기요, 이거 조금 큰 사이즈 있나요?
점원　확인해 볼테니 여기 앉아서 잠시 기다려 주십시오.
(잠시 후)
점원　손님, 오래 기다리셨습니다.
죄송하지만, 이 디자인의 큰 사이즈는 지금 다 나갔어요.
노다미　아, 그래요? 알겠습니다. 고마워요.

Pattern Practice 1

A

1　A　社長、飛行機は何時にお乗りになりますか。
　　B　７時に乗る予定だ。

2　A　社長、明日は何時にお出かけになりますか。
　　B　７時に出かける予定だ。

B

1　お待ちください

2　お書きください

3　ご利用ください

4　ご注意ください

C

1　お持ちします

2　お撮りします

3 ご紹介(しょうかい)いたします

4 ご報告(ほうこく)いたします

Listening Training

1 ⓑ　2 ⓒ　3 ⓓ　4 ⓐ

script

1 おばあさんは今(いま)、新聞(しんぶん)をお読(よ)みになっています。

2 社長(しゃちょう)は今(いま)、うちへお帰(かえ)りになっています。

3 A 何名(なんめい)さまですか。

B 二人(ふたり)です。

A すぐお席(せき)にご案内(あんない)いたします。少々(しょうしょう)お待(ま)ちください。

4 先生(せんせい)は今(いま)、何(なに)かをお書(か)きになっています。

Dialogue 2

세키구치　네, 일본전산 영업부입니다.
치아키　다나카상사의 치아키인데요, 야마다 과장님 계세요?
세키구치　아, 치아키 씨. 늘 신세지고 있습니다.
공교롭게도 야마다는 자리를 비우고 있습니다.
돌아오면 이쪽에서 다시 전화하도록 전할까요?
치아키　그래요? 그럼 잘 부탁드립니다. 그럼, 실례하겠습니다.

Pattern Practice 2

A

1 参(まい)り/いらっしゃい

2 いただき/召(め)し上(あ)がり

3 存(ぞん)じ/ご存(ぞん)じ

4 拝見(はいけん)し/ご覧(らん)になり

5 申(もう)し/おっしゃい

B

1 少(すこ)し待(ま)ってくださいますか。

2 パーティーにいらっしゃいますか。

3 ゴルフをなさいますか。/
ゴルフをされますか。

Listening Training

1 ×　2 ○　3 ×　4 ○

script

1 A 部長(ぶちょう)は今(いま)お宅(たく)にいらっしゃいますか。

B すみません。おりませんが。

2 A 先生(せんせい)はお昼(ひる)に何(なに)を召(め)し上(あ)がりましたか。

B てんぷら定食(ていしょく)だけど。君(きみ)は食(た)べたの？

3 A 先生(せんせい)のことはよく存(ぞん)じております。

B それはどうも。

4 A 社長(しゃちょう)、このミュージカルご覧(らん)になりましたか。

B いや、まだだね。

Reading Quiz　answer ②

① 지금 거신 전화는 전파가 닿지 않는 곳에 있거나 전원이 꺼져 있어 연결이 되지 않습니다.
② 지금 거신 전화번호는 현재 사용되지 않고 있습니다. 죄송하지만, 번호를 확인하시고 다시 걸어 주십시오.
③ 지금 거신 전화는 고객님의 사정에 의해 통화를 할 수 없게 되어 있습니다.

부록 01

형용사의 활용

	い 형용사의 활용	
기본형	~い ~하다	かわいい 귀엽다
과거형	~かった ~했다	かわいかった 귀여웠다
부정형	~くない ~하지 않다	かわいくない 귀엽지 않다
과거 부정형	~くなかった ~하지 않았다	かわいくなかった 귀엽지 않았다
연결형	~くて ~하고, ~해서	かわいくて 귀엽고, 귀여워서
부사형	~く ~하게	かわいく 귀엽게
명사 수식형	~い+명사 ~한 (명사)	かわいい人(ひと) 귀여운 사람

	な 형용사의 활용	
기본형	~だ ~하다	きれいだ 예쁘다
과거형	~だった ~했다	きれいだった 예뻤다
부정형	~じゃない ~하지 않다	きれいじゃない 예쁘지 않다
과거 부정형	~じゃなかった ~하지 않았다	きれいじゃなかった 예쁘지 않았다
연결형	~で ~하고, ~해서	きれいで 예쁘고, 예뻐서
부사형	~に ~하게	きれいに 예쁘게
명사 수식형	~な+명사 ~한 (명사)	きれいな人(ひと) 예쁜 사람

부록

02 동사의 활용

종류	기본형	ます형	て형
1그룹 동사 (5단 동사)	分(わか)かる 이해하다	分(わ)かります	分(わ)かって
	作(つく)る 만들다	作(つく)ります	作(つく)って
	乗(の)る 타다	乗(の)ります	乗(の)って
	会(あ)う 만나다	会(あ)います	会(あ)って
	行(い)く 가다	行(い)きます	行(い)って
	脱(ぬ)ぐ 벗다	脱(ぬ)ぎます	脱(ぬ)いで
	話(はな)す 이야기하다	話(はな)します	話(はな)して
	待(ま)つ 기다리다	待(ま)ちます	待(ま)って
	死(し)ぬ 죽다	死(し)にます	死(し)んで
	呼(よ)ぶ 부르다	呼(よ)びます	呼(よ)んで
	飲(の)む 마시다	飲(の)みます	飲(の)んで
	切(き)る 자르다	切(き)ります	切(き)って
	帰(かえ)る 돌아가다	帰(かえ)ります	帰(かえ)って
2그룹 동사 (1단 동사)	見(み)る 보다	見(み)ます	見(み)て
	食(た)べる 먹다	食(た)べます	食(た)べて
3그룹 동사 (불규칙 동사)	来(く)る 오다	来(き)ます	来(き)て
	する 하다	します	して

た형	ない형	가능형	의지형
分(わ)かった	分(わ)からない	分(わ)かれる	分(わ)かろう
作(つく)った	作(つく)らない	作(つく)れる	作(つく)ろう
乗(の)った	乗(の)らない	乗(の)れる	乗(の)ろう
会(あ)った	会(あ)わない	会(あ)える	会(あ)おう
行(い)った	行(い)かない	行(い)ける	行(い)こう
脱(ぬ)いだ	脱(ぬ)がない	脱(ぬ)げる	脱(ぬ)ごう
話(はな)した	話(はな)さない	話(はな)せる	話(はな)そう
待(ま)った	待(ま)たない	待(ま)てる	待(ま)とう
死(し)んだ	死(し)なない	死(し)ねる	死(し)のう
呼(よ)んだ	呼(よ)ばない	呼(よ)べる	呼(よ)ぼう
飲(の)んだ	飲(の)まない	飲(の)める	飲(の)もう
切(き)った	切(き)らない	切(き)れる	切(き)ろう
帰(かえ)った	帰(かえ)らない	帰(かえ)れる	帰(かえ)ろう
見(み)た	見(み)ない	見(み)られる	見(み)よう
食(た)べた	食(た)べない	食(た)べられる	食(た)べよう
来(き)た	来(こ)ない	来(こ)られる	来(こ)よう
した	しない	できる	しよう

부록

03 특수한 존경어와 겸양어

	존경어	겸양어
する 하다	される / なさる	いたす
くれる 주다	くださる	
いる 있다	いらっしゃる	おる
言う 말하다	おっしゃる	申す
見る 보다	ご覧になる	拝見する
行く・来る 가다	いらっしゃる	参る
会う 만나다		お目にかかる
知っている 알고 있다	ご存じだ	存じておる
食べる 먹다	召し上がる	いただく

★ **존경 표현**

先生がおっしゃった通りです。 ⁞ 先生が言った通りです。

ご覧になってください。 ⁞ 見てください。

たくさん召し上がってください。 ⁞ たくさん食べてください。

★ **겸양 표현**

分かっております。 ⁞ 分かっています。

一度お目にかかりたいんですが。 ⁞ 一度会いたいんですが。

もちろん存じております。 ⁞ もちろん知っています。

memo

はじめ
まして

즐거운
일본어 수업을
위한

타노시이 일본어

たのしい

워크북

STEP 4

넥서스콘텐츠개발팀 지음

- 일본어 기본 문법 4개월 완성
- 기초부터 탄탄해지는 일본어 실력
- 듣기, 말하기, 쓰기, 읽기 능력 향상

넥서스 JAPANESE

즐거운
일본어 수업을
위한

타노시이 たのしい 일본어

STEP 4

워크북

넥서스콘텐츠개발팀 지음

넥서스 JAPANESE

타노시이 일본어 STEP 4 워크북

지은이 넥서스콘텐츠개발팀
펴낸이 안용백
펴낸곳 (주)도서출판 넥서스

출판신고 1992년 4월 3일 제311-2002-2호
121-840 서울시 마포구 서교동 394-2
Tel (02)330-5500 Fax (02)330-5555

www.nexusbook.com
넥서스Japanese는 (주)도서출판 넥서스의 일본어 전문 브랜드입니다.

WORKBOOK

타노시이 일본어 STEP4

UNIT 01

ワインバーに行こうと思ってる。

와인 바에 가려고 해요.

Dialogue 1

1 CD를 들으면서 빈칸을 채워 보세요. 01

千秋　ノ・ダミさん、ワイン好(す)きですか。
今日(きょう)ワインバーに ______ 思(おも)ってるんですが、
よかったら一緒(いっしょ)に行(い)きませんか。

ノ・ダミ　いいですよ。高橋(たかはし)さんも行(い)きますか。

千秋　高橋(たかはし)さんも ______ 、ダイエット中(ちゅう)だから。

ノ・ダミ　残念(ざんねん)ですね。千秋(ちあき)さんはどんなワインが好(す)きですか。

千秋　白(しろ)ワインが好(す)きで、ソービニョン・ブランが一番(いちばん)好(す)きです。

2 Dialogue와 Pattern Practice에 나온 어휘를 확인해 보세요.

- □ ワインバー 와인 바
- □ 白(しろ)ワイン 백포도주
- □ 前向(まえむ)き 적극적임, 긍정적임
- □ 引(ひ)っ越(こ)す 이사하다
- □ みんな 모두, 전부
- □ 誘(さそ)う 권유하다, 꼬시다
- □ 田舎(いなか) 시골
- □ 就職(しゅうしょく) 취직
- □ 飛(と)ぶ 날다
- □ 続(つづ)く 계속되다

3 다음 문장을 일본어로 써 보세요.

1 와인 바에 가려고 합니다. (ワインバー 와인 바)

⇒

2 괜찮으시면 같이 가지 않을래요?

⇒

3 시골로 이사하려고 생각하고 있습니다. (田舎(いなか) 시골 | 引(ひ)っ越(こ)す 이사하다)

⇒

4 적극적으로 열심히 하려고 생각하고 있어요. (前向(まえむ)き 적극적임 | 頑張(がんば)る 열심히 하다)

⇒

5 일을 그만두려고 생각하고 있어요. (仕事(しごと)を辞(や)める 일을 그만두다)

⇒

6 다이어트하려고 생각하고 있어요. (ダイエットする 다이어트하다)

⇒

7 역 앞에서 만나자. (駅前(えきまえ) 역 앞)

⇒

8 회식을 하자. (飲(の)み会(かい) 회식, 술 마시는 모임)

⇒

Dialogue 2

1　CD를 들으면서 빈칸을 채워 보세요. 05

ノ・ダミ　ケータイを ____________ 思(おも)ってるんですが、
最新型(さいしんがた)のケータイにはどんなものがありますか。

店員　最近(さいきん)はアイフォーンなどのタッチ式(しき)ケータイが
人気(にんき)ありますよ。

ノ・ダミ　アイフォーンを ____________ 思(おも)ったんですが、
基本料金(きほんりょうきん)が高(たか)くて。

店員　他(ほか)のケータイ ____________ ちょっと高(たか)いかも
しれませんが、多彩(たさい)なアプリケーションが魅力(みりょく)です。
こちらはいかがですか。価格(かかく)もお手(て)ごろですけど。

2　Dialogue와 Pattern Practice에 나온 어휘를 확인해 보세요.

- □ **最新型**(さいしんがた) 최신형
- □ **基本料金**(きほんりょうきん) 기본요금
- □ **多彩**(たさい)**だ** 다채롭다
- □ **魅力**(みりょく) 매력
- □ **手**(て)**ごろだ** 적당하다
- □ **予算**(よさん) 예산
- □ **元彼**(もとかれ) 전 남자친구
- □ **パイロット** 파일럿
- □ **目**(め)**が悪**(わる)**い** 눈이 나쁘다
- □ **満室**(まんしつ) 만실, 빈 방이 없음
- □ **増**(ふ)**える** 늘다
- □ **減**(へ)**る** 줄다

3 다음 문장을 일본어로 써 보세요.

1 휴대 전화를 바꾸려고 생각하고 있다. (替(か)える 바꾸다)

⇨ ________________________________

2 그것을 살까 하고 생각했는데요. (買(か)う 사다)

⇨ ________________________________

3 조금 비쌀지도 모릅니다.

⇨ ________________________________

4 예전 남자친구에게 전화해 볼까 하고 생각했는데 그만뒀어요. (元彼(もとかれ) 전 남자친구)

⇨ ________________________________

5 예약을 취소할까 생각하고 있어요. (キャンセル 취소)

⇨ ________________________________

6 중국은 한국에 비해 물가가 쌉니다. (物価(ぶっか) 물가)

⇨ ________________________________

7 전에 비해 일이 바빠졌습니다. (前(まえ) 전, 이전 | 仕事(しごと) 일, 업무 | 忙(いそが)しい 바쁘다)

⇨ ________________________________

8 결혼 전에 비해 체중이 늘어 버렸습니다. (体重(たいじゅう)が増(ふ)える 체중이 늘다)

⇨ ________________________________

Words

1 다음 단어의 읽는 법을 히라가나로 적어 보세요.

田舎	________	最新型	________
予算	________	魅力	________
多彩	________	満室	________
基本料金	________	元彼	________

2 다음 일본어의 우리말 뜻을 적어 보세요.

誘(さそ)う	________	前(まえ)向(む)き	________
就職(しゅうしょく)	________	手(て)ごろだ	________
減(へ)る	________	増(ふ)える	________
目(め)が悪(わる)い	________	続(つづ)く	________
飛(と)ぶ	________	引(ひ)っ越(こ)す	________
パイロット	________	~に比(くら)べて	________
物価(ぶっか)	________	キャンセル	________

UNIT 02 確かに大変そうです。

분명히 힘들 것 같아요.

Dialogue 1

1 CD를 들으면서 빈칸을 채워 보세요. 09

高橋 最近(さいきん)、寂(さび)しくて…。ペットでも ＿＿＿＿＿＿＿＿ 。

ノ・ダミ ペットはかわいいけど、

面倒(めんどう)を見(み)るのがけっこう大変(たいへん)ですよ。

高橋 確(たし)かに ＿＿＿＿＿＿＿＿ 、でも飼(か)いたいです。

そういえば、ノ・ダミさんは猫(ねこ)を ＿＿＿＿＿＿＿＿

そうですね。もし子猫(こねこ)を産(う)んだら、ぜひ僕(ぼく)に…。

ノ・ダミ それはちょっと…。うちの猫(ねこ)はオスですから。

2 Dialogue와 Pattern Practice에 나온 어휘를 확인해 보세요.

- □ 飼(か)う 기르다
- □ 面倒(めんどう)を見(み)る 돌보다
- □ 確(たし)かに 분명히, 확실히
- □ 子猫(こねこ) 새끼 고양이
- □ 産(う)む 낳다
- □ ぜひ 꼭, 반드시
- □ オス 수컷
- □ 適度(てきど)だ 알맞다, 적당하다
- □ 飲酒(いんしゅ) 음주
- □ はやる 유행하다

3 다음 문장을 일본어로 써 보세요.

1 그는 애인이 없다고 합니다. (恋人 애인)

⇨

2 그는 고양이를 기르고 있다고 합니다. (飼う 기르다, 키우다)

⇨

3 비가 내릴 것 같습니다. (雨が降る 비가 내리다)

⇨

4 저 영화, 재미있을 것 같지 않니? (映画 영화)

⇨

5 내일 비가 내린다고 합니다.

⇨

6 이게 요즘 유행하고 있는 스타일이라고 합니다. (はやる 유행하다 | スタイル 스타일)

⇨

7 피곤해서 죽을 것 같아요. (疲れる 피곤하다 | 死ぬ 죽다)

⇨

8 그녀는 귀엽고, 성격도 좋은 것 같아. (性格 성격)

⇨

Dialogue 2

1　CD를 들으면서 빈칸을 채워 보세요. 13

ノ・ダミ　あれ？ 高橋(たかはし)さん、どうしたんですか。
目(め)の下(した)にクマができてますよ。

高橋　最近(さいきん)、寝不足(ねぶそく)で…。

ノ・ダミ　不眠症(ふみんしょう)ですか。何(なに)か悩(なや)みでも？

高橋　実(じつ)は、最近(さいきん)ゲームに ______________ 、
昨日(きのう)も夜遅(よるおそ)くまでゲームしちゃって。

ノ・ダミ　ゲーム中毒(ちゅうどく) ______________ 。
目(め)が ______________ なってますよ。

2　Dialogue와 Pattern Practice에 나온 어휘를 확인해 보세요.

- □ **クマ** 다크서클
- □ **寝不足**(ねぶそく) 수면 부족
- □ **悩**(なや)**む** 고민하다
- □ **はまる** 빠지다, 꼭 맞다
- □ **ゲーム中毒**(ちゅうどく) 게임 중독
- □ **不眠症**(ふみんしょう) 불면증
- □ **慣**(な)**れる** 습관이 되다, 익숙해지다
- □ **症状**(しょうじょう) 증상
- □ **パンダ** 판다
- □ **偽物**(にせもの) 위조품, 가짜
- □ **かなり** 꽤, 제법
- □ **反抗期**(はんこうき) 반항기

3 다음 문장을 일본어로 써 보세요.

1 눈 밑에 다크서클이 생겼어요. (目(め)の下(した) 눈 밑 | クマができる 다크서클이 생기다)

⇨

2 무슨 고민이라도? (悩(なや)み 고민)

⇨

3 밤 늦게까지 게임을 해서. (夜遅(よるおそ)くまで 밤 늦게까지)

⇨

4 게임 중독 같군요. (中毒(ちゅうどく) 중독)

⇨

5 매일같이 술을 마시고 있습니다. (毎日(まいにち) 매일)

⇨

6 오늘도 어제 같은 좋은 날씨입니다. (天気(てんき) 날씨)

⇨

7 모두 좋은 사람 같아요. (みんな 모두)

⇨

8 증상이 거짓말처럼 좋아졌어요. (症状(しょうじょう) 증상 | 嘘(うそ) 거짓말)

⇨

Words

1 다음 단어의 읽는 법을 히라가나로 적어 보세요.

適度	________	飲酒	________
寝不足	________	不眠症	________
症状	________	偽物	________
反抗期	________	中毒	________
合格	________	派手	________

2 다음 일본어의 우리말 뜻을 적어 보세요.

飼(か)う	________	面倒(めんどう)を見(み)る	________
確(たし)かに	________	産(う)む	________
オス	________	はやる	________
クマ	________	悩(なや)む	________
はまる	________	慣(な)れる	________
かなり	________	子猫(こねこ)	________

UNIT 03

料理のできる男がモテるらしい。

요리를 잘하는 남자가 인기가 있는 것 같다.

Dialogue 1

1 CD를 들으면서 빈칸을 채워 보세요. 17

高橋 千秋(ちあき)さんは料理(りょうり)が上手(じょうず)だそうですね。

千秋 いや、大(たい)したことありませんよ。

高橋 最近(さいきん)は料理(りょうり)のできる男(おとこ)が ________________ から、
僕(ぼく)も料理教室(りょうりきょうしつ)に通(かよ)ってみようかと思(おも)ってるんです。

千秋 それもいいと思(おも)いますが、
________________ 生(い)きるのが一番(いちばん)じゃないですか。
高橋(たかはし)さんは ________________ ところが魅力(みりょく)だと思(おも)いますよ。

2 Dialogue와 Pattern Practice에 나온 어휘를 확인해 보세요.

- □ **大**(たい)**した** 대단한, 굉장한
- □ **通**(かよ)**う** 다니다, 오가다
- □ **生**(い)**きる** 살다
- □ **番組**(ばんぐみ) 방송
- □ **再放送**(さいほうそう) 재방송
- □ **自分**(じぶん) 자신
- □ **場所**(ばしょ) 장소
- □ **小説家**(しょうせつか) 소설가
- □ **モテる** 인기가 있다
- □ **イタリア** 이탈리아

3 다음 문장을 일본어로 써 보세요.

1 그는 요리를 잘한다고 합니다. (料理(りょうり) 요리)

⇨

2 별일 아니에요. (大(たい)した 대단한, 별일)

⇨

3 요리를 잘하는 남자가 인기가 있다고 한다. (モテる 인기가 있다)

⇨

4 요리 학원에 다녀 볼까 하고 생각하고 있어요. (料理教室(りょうりきょうしつ) 요리 학원 | 通(かよ)う 다니다)

⇨

5 이탈리아 남성은 굉장히 여성에게 다정하다고 합니다. (すごく 굉장히 | 優(やさ)しい 다정하다)

⇨

6 올해도 취직이 어렵다고 합니다. (今年(ことし) 올해 | 就職(しゅうしょく) 취직)

⇨

7 아이는 아이답지 않으면 귀엽지 않다. (子供(こども) 아이)

⇨

8 올 겨울은 따뜻해서 겨울답지 않다. (冬(ふゆ) 겨울 | 暖(あたた)かい 따뜻하다)

⇨

Dialogue 2

1　CD를 들으면서 빈칸을 채워 보세요. 21

高橋　妹の結婚式があって、来週、日本へ行くんです。

ノ・ダミ　それはおめでとうございます。妹さんはおいくつですか。

高橋　21歳です。まだ大学生ですが、子供ができちゃって、
10月に ______________________ 。

ノ・ダミ　できちゃった結婚ですか。

高橋　そうなんですよ。僕が先に結婚するつもりだったのに、
妹が先になっちゃって。
だから、僕も今年中に ______________________ 。

ノ・ダミ　彼女はいるんですか。

高橋　いや、それがまだ…。

2　Dialogue와 Pattern Practice에 나온 어휘를 확인해 보세요.

- □ **今年中**(ことしじゅう) 올해 중
- □ **ブログ** 블로그
- □ **実家**(じっか) 생가, 친정
- □ **生**(う)**まれる** 태어나다
- □ **ハンバーガー** 햄버거
- □ **終**(お)**わり** 끝
- □ **給料**(きゅうりょう) 급료, 임금
- □ **イギリス** 영국
- □ **先**(さき)**に** 먼저
- □ **進学**(しんがく) 진학

3 **다음 문장을 일본어로 써 보세요.**

1 속도 위반 결혼이에요? (できちゃった 생겨 버렸다)

⇨ ______________________________

2 올해 안으로 결혼할 생각입니다. (今年中(ことしじゅう)に 올해 안으로)

⇨ ______________________________

3 내년에 일본에 유학할 예정입니다. (来年(らいねん) 내년 | 留学(りゅうがく)する 유학하다)

⇨ ______________________________

4 내일 4시에 경기가 시작될 예정이에요. (試合(しあい) 경기, 시합)

⇨ ______________________________

5 매일 블로그에 일기를 쓸 생각이에요. (ブログ 블로그 | 日記(にっき)を書(か)く 일기를 쓰다)

⇨ ______________________________

6 대학원에 진학할 생각이에요. (大学院(だいがくいん) 대학원 | 進学(しんがく)する 진학하다)

⇨ ______________________________

7 밤 8시 이후엔 아무것도 먹지 않을 생각이에요. (以降(いこう) 이후)

⇨ ______________________________

8 다음 주에 출장을 갈 예정이에요. (出張(しゅっちょう)に行(い)く 출장을 가다)

⇨ ______________________________

Words

1 다음 단어의 읽는 법을 히라가나로 적어 보세요.

番組	＿＿＿＿	再放送	＿＿＿＿
場所	＿＿＿＿	小説家	＿＿＿＿
病気	＿＿＿＿	今年中	＿＿＿＿
以降	＿＿＿＿	実家	＿＿＿＿
進学	＿＿＿＿	自分	＿＿＿＿

2 다음 일본어의 우리말 뜻을 적어 보세요.

大(たい)した	＿＿＿＿	通(かよ)う	＿＿＿＿
生(い)きる	＿＿＿＿	モテる	＿＿＿＿
ブログ	＿＿＿＿	イギリス	＿＿＿＿
生(う)まれる	＿＿＿＿	先(さき)に	＿＿＿＿
終(お)わり	＿＿＿＿	ハンバーガー	＿＿＿＿
参加(さんか)	＿＿＿＿	冬休(ふゆやす)み	＿＿＿＿

UNIT 04

時々恋人と誤解されるんです。

종종 애인으로 오해받아요.

Dialogue 1

1 CD를 들으면서 빈칸을 채워 보세요. 25

高橋 あっ、この人(ひと)、恋人(こいびと)ですか。

ノ・ダミ いいえ、弟(おとうと)です。

高橋 弟(おとうと)さんですか。＿＿＿＿＿＿＿＿＿＿。うらやましいです。

ノ・ダミ 子供(こども)の時(とき)はよくけんかをして、親(おや)に＿＿＿＿＿＿＿＿、今(いま)は仲良(なかよ)しです。時々恋人(ときどきこいびと)と＿＿＿＿＿＿＿＿。

高橋 弟(おとうと)さんは学生(がくせい)さんですか。

ノ・ダミ はい。大学生(だいがくせい)ですが、今(いま)は軍隊(ぐんたい)に入(はい)っています。

2 Dialogue와 Pattern Practice에 나온 어휘를 확인해 보세요.

- □ **軍隊**(ぐんたい) 군대
- □ **ニューヨーク** 뉴욕
- □ **世界一**(せかいいち) 세계 제일
- □ **誤解**(ごかい) 오해
- □ **スピード違反**(いはん) 속도 위반
- □ **警察**(けいさつ) 경찰
- □ **逆**(ぎゃく)**に** 반대로, 거꾸로
- □ **泥棒**(どろぼう) 도둑
- □ **踏**(ふ)**む** 밟다
- □ **販売**(はんばい) 판매

3 다음 문장을 일본어로 써 보세요.

1 아버지에게 혼났습니다. (叱(しか)る 혼내다)

⇨ ______________________________

2 때때로 애인으로 오해받습니다. (時々(ときどき) 때때로 | 恋人(こいびと) 애인 | 誤解(ごかい)する 오해하다)

⇨ ______________________________

3 지금은 군대에 들어가 있어요. (軍隊(ぐんたい)に入(はい)る 군대에 들어가다)

⇨ ______________________________

4 속도 위반을 해서 경찰이 세웠습니다. (スピード違反(いはん) 속도 위반 | とめる 세우다)

⇨ ______________________________

5 친구가 와서 숙제는 못했습니다. (宿題(しゅくだい) 숙제)

⇨ ______________________________

6 도둑에게 지갑을 뺏겼어요. (泥棒(どろぼう) 도둑 | 財布(さいふ) 지갑 | 取(と)る 뺏다)

⇨ ______________________________

7 누군가에게 발을 밟혔어요. (足(あし)を踏(ふ)む 발을 밟다)

⇨ ______________________________

8 약속에 늦어서 그녀가 화를 냈습니다. (約束(やくそく)に遅(おく)れる 약속에 늦다 | 怒(おこ)る 화내다)

⇨ ______________________________

Dialogue 2

1 CD를 들으면서 빈칸을 채워 보세요. 29

千秋 ノ・ダミさんも ______________________
誰(だれ)だか分(わ)からなくなりますか。

ノ・ダミ それほどじゃないですけど、
やっぱりすっぴんでは外(そと)に ______________。

高橋 そんなことないでしょう。素顔(すがお)もかわいいと思(おも)いますけど。

ノ・ダミ _________________ 恥(は)ずかしいですね。

千秋 高橋(たかはし)さん、眼鏡(めがね)を買(か)った方(ほう)がいいんじゃないですか。

2 Dialogue와 Pattern Practice에 나온 어휘를 확인해 보세요.

□ 化粧(けしょう)を落(お)とす 화장을 지우다
□ すっぴん 민낯, 맨얼굴
□ 素顔(すがお) 민낯, 맨얼굴
□ 中学時代(ちゅうがくじだい) 중학생 시절
□ 思(おも)い出(だ)す 생각해 내다
□ 懐(なつ)かしい 그립다, 정답다
□ 寄(よ)せる 밀려 오다, 불러 모으다
□ 骨(ほね)を折(お)る 뼈가 부러지다
□ 活動(かつどう) 활동
□ 映画祭(えいがさい) 영화제
□ 開催(かいさい)する 개최하다
□ ぐちゃぐちゃ 질척질척함, 엉망진창임
□ 経済(けいざい) 경제
□ 悪化(あっか) 악화
□ 慌(あわ)てる 당황하다, 허둥거리다
□ 盗(ぬす)む 훔치다

3 다음 문장을 일본어로 써 보세요.

1 그 정도는 아니에요. (それほど 그 정도)

⇨

2 맨얼굴로는 밖에 나갈 수 없어요. (すっぴん 맨얼굴 | 外に出る 밖에 나가다)

⇨

3 그렇게 말씀하시니 부끄럽네요. (恥ずかしい 부끄럽다)

⇨

4 누구라도 간단하게 외울 수 있어요. (簡単に覚える 간단하게 외우다)

⇨

5 칸 영화제는 프랑스에서 개최되고 있습니다. (カンヌ映画祭 칸 영화제 | 開催 개최)

⇨

6 지하철에서 지갑을 도둑맞았습니다. (地下鉄 지하철 | 盗む 훔치다)

⇨

7 일이 바빠서 일찍 돌아갈 수 없습니다. (仕事 일, 업무 | 帰る 돌아가다)

⇨

8 중학교 때가 정겹게 생각납니다. (懐かしい 그립다, 정겹다 | 思い出す 생각해 내다)

⇨

Words

1 다음 단어의 읽는 법을 히라가나로 적어 보세요.

- 軍隊 ________ 世界一 ________
- 悪化 ________ 警察 ________
- 泥棒 ________ 経済 ________
- 運動会 ________ 素顔 ________
- 開催 ________ 時代 ________
- 市長 ________ 活動 ________

2 다음 일본어의 우리말 뜻을 적어 보세요.

- 慌(あわ)てる ________ スピード違反(いはん) ________
- 踏(ふ)む ________ 化粧(けしょう)を落(お)とす ________
- 思(おも)い出(だ)す ________ 懐(なつ)かしい ________
- 寄(よ)せる ________ 骨(ほね)を折(お)る ________
- 案(あん)じる ________ ぐちゃぐちゃ ________

UNIT 05

僕に行かせてください。

제가 가게 해 주세요.

Dialogue 1

1　CD를 들으면서 빈칸을 채워 보세요. 33

高橋　聞きましたか。木村さん、＿＿＿＿＿＿＿＿らしいですよ。

ノ・ダミ　えっ、本当ですか。

高橋　部長に「何で＿＿＿＿＿＿＿＿」って言ったそうです。

ノ・ダミ　それは木村さんの言い方が悪いですよね。

部長　あ、みんなここにいたんですね。
誰かこれ、コピーしてください。

ノ・ダミ　部長、私が行ってきます。

高橋　いや、僕に＿＿＿＿＿＿＿＿。

2　Dialogue와 Pattern Practice에 나온 어휘를 확인해 보세요.

- □ 首(くび)になる　해고되다
- □ 言(い)い方(かた)　말투, 말씨
- □ コピー　카피, 복사
- □ 一言(ひとこと)　한마디
- □ 野菜(やさい)　야채
- □ 健康(けんこう)　건강
- □ 受験(じゅけん)　수험
- □ 詳(くわ)しい　자세하다

3 다음 문장을 일본어로 써 보세요.

1 해고되었다고 합니다. (首(くび)になる 해고되다)

⇒ ______________________________

2 제가 가게 해 주세요.

⇒ ______________________________

3 한마디 말하게 해 주세요. (一言(ひとこと) 한마디)

⇒ ______________________________

4 좀 생각하게 해 주세요. (考(かんが)える 생각하다)

⇒ ______________________________

5 다시 한번 체크하게 해 주세요. (もう一度(いちど) 다시 한번 | チェック 체크)

⇒ ______________________________

6 왜 학원에 다니게 하는 거예요? (何(なん)で 왜 | 塾(じゅく)に通(かよ)う 학원에 다니다)

⇒ ______________________________

7 내일은 쉬게 해 주세요. (休(やす)む 쉬다)

⇒ ______________________________

8 그 이야기 더 자세하게 들려 주세요. (詳(くわ)しく 자세하게 | 聞(き)く 듣다)

⇒ ______________________________

Dialogue 2

1 CD를 들으면서 빈칸을 채워 보세요. 37

ノ・ダミ　男性(だんせい)は初恋(はつこい)の人(ひと)が忘(わす)れられないって言(い)いますけど、そうなんですか。

高橋　そうですね。僕(ぼく)も彼女(かのじょ)には ＿＿＿＿＿＿＿＿ 、いまだに忘(わす)れられないんです。

ノ・ダミ　実(じつ)は昨日(きのう)、久(ひさ)しぶりに高校時代(こうこうじだい)の同級生(どうきゅうせい)から電話(でんわ)が来(き)て、私(わたし)が初恋(はつこい)の人(ひと)だったと ＿＿＿＿＿＿＿＿ 。

高橋　わあ〜、ノ・ダミさんが忘(わす)れられなくてついに勇気(ゆうき)を出(だ)したんですね。

ノ・ダミ　でも、それが…。彼(かれ)、保険会社(ほけんがいしゃ)に勤(つと)めていて、保険(ほけん)に ＿＿＿＿＿＿＿＿ 。

2 Dialogue와 Pattern Practice에 나온 어휘를 확인해 보세요.

- □ **初恋**(はつこい) 첫사랑
- □ **いまだに** 아직껏, 아직도
- □ **同級生**(どうきゅうせい) 동급생
- □ **勇気**(ゆうき) 용기
- □ **保険会社**(ほけんがいしゃ) 보험 회사
- □ **勤**(つと)**める** 근무하다, 종사하다
- □ **監督**(かんとく) 감독
- □ **転勤**(てんきん)**する** 전근하다
- □ **大勢**(おおぜい) 여럿, 많은 사람
- □ **打**(う)**ち合**(あ)**わせ** 상의, 협의

3　다음 문장을 일본어로 써 보세요.

1　첫사랑을 잊을 수가 없다. (初恋(はつこい)の人(ひと) 첫사랑 사람 | 忘(わす)れる 잊다)

⇨ ______________________________

2　그에게 고백받았습니다. (告白(こくはく) 고백)

⇨ ______________________________

3　보험에 가입당했습니다. (保険(ほけん) 보험 | 加入(かにゅう) 가입)

⇨ ______________________________

4　선배가 술을 마시게 했습니다.

⇨ ______________________________

5　무리하게 외우게 했던 것은 바로 잊어버립니다. (無理(むり)やり 무리하게 | 覚(おぼ)える 외우다)

⇨ ______________________________

6　그의 연기에 감동받았습니다. (演技(えんぎ) 연기 | 感動(かんどう) 감동)

⇨ ______________________________

7　아이는 어머니 때문에 싫어하는 야채를 먹었습니다. (野菜(やさい) 야채)

⇨ ______________________________

8　회사를 그만두게 될지도 모른다. (会社(かいしゃ)を辞(や)める 회사를 그만두다)

⇨ ______________________________

Words

1 다음 단어의 읽는 법을 히라가나로 적어 보세요.

一言	________	野菜	________
健康	________	受験	________
初恋	________	同級生	________
勇気	________	保険会社	________
監督	________	大勢	________

2 다음 일본어의 우리말 뜻을 적어 보세요.

首(くび)になる	________	言(い)い方(かた)	________
コピー	________	詳(くわ)しい	________
いまだに	________	勤(つと)める	________
転勤(てんきん)する	________	打(う)ち合(あ)わせ	________
チェック	________	残業(ざんぎょう)	________
発表(はっぴょう)	________	会議室(かいぎしつ)	________

UNIT

06 しっかりしなさい。

정신 좀 차려라.

Dialogue 1

1　CD를 들으면서 빈칸을 채워 보세요. 41

母　もう時間(じかん)よ。＿＿＿＿＿＿＿＿。8時(はちじ)ですよ。

ノ・ダミ　あ、しまった。また遅刻(ちこく)！

母　ご飯(はん)食(た)べて。

ノ・ダミ　いいよ。遅(おく)れそうだから。

母　夜遅(よるおそ)く寝(ね)るから朝(あさ)＿＿＿＿＿＿＿＿。
もうちょっと＿＿＿＿＿＿＿＿。
今日(きょう)は早(はや)く帰(かえ)ってきてね。シンジが帰(かえ)ってくるから。

2　Dialogue와 Pattern Practice에 나온 어휘를 확인해 보세요.

- □ **しっかり** 단단히, 꽉
- □ **正直**(しょうじき)**だ** 정직하다, 솔직하다
- □ **言**(い)**い訳**(わけ) 변명
- □ **いい加減**(かげん) 적당히 함, 알맞게 함
- □ **まとめる** 합치다, 정리하다
- □ **質問**(しつもん) 질문
- □ **対**(たい)**する** 대하다, 마주보다
- □ **クリスマスツリー** 크리스마스 트리
- □ **しまった** 아차
- □ **コップ** 컵

3 다음 문장을 일본어로 써 보세요.

1 일어나라. (起きる 일어나다)

⇨

2 밥 먹어. (ご飯 밥)

⇨

3 좀 정신 차려. (しっかりする 정신 차리다)

⇨

4 솔직히 말해. (正直だ 솔직하다, 정직하다)

⇨

5 변명은 그만해. (言い訳 변명)

⇨

6 이제 적당히 해. (もう 이제 | いい加減だ 적당하다)

⇨

7 놀고만 있지 말고 공부해라. (遊ぶ 놀다 | 勉強する 공부하다)

⇨

8 조용히 해라. (静かだ 조용하다)

⇨

Dialogue 2

1　CD를 들으면서 빈칸을 채워 보세요. 45

ノ・ダミ　あら、シンジ。元気(げんき)？

シンジ　うん、元気(げんき)だよ。お姉(ねえ)さんも元気(げんき)そうだね。

ノ・ダミ　ハハ。最近(さいきん)ちょっと太(ふと)ったかな。軍隊生活(ぐんたいせいかつ)はどう？

シンジ　う～ん、上官(じょうかん)がちょっと厳(きび)しくて…。
前(まえ)は「してもいい」って言(い)ってたことを後(あと)で「＿＿＿＿」って言(い)ったりするから、機嫌(きげん)をとるのが大変(たいへん)。

ノ・ダミ　やっぱり軍隊生活(ぐんたいせいかつ)って＿＿＿＿＿＿＿＿。

シンジ　いや、でも、その上官以外(じょうかんいがい)はみんないい人(ひと)だよ。
あんまり＿＿＿＿＿＿＿＿。大丈夫(だいじょうぶ)だから。

2　Dialogue와 Pattern Practice에 나온 어휘를 확인해 보세요.

- □ **太**(ふと)**る** 살찌다
- □ **上官**(じょうかん) 상관
- □ **厳**(きび)**しい** 엄하다
- □ **機嫌**(きげん)**をとる** 비위를 맞추다
- □ **以外**(いがい) 이외
- □ **落書**(らくが)**き** 낙서
- □ **しゃべる** 지껄이다, 재잘거리다
- □ **分**(ぶん) 몫
- □ **冗談**(じょうだん) 농담
- □ **庭**(にわ) 정원
- □ **絶対**(ぜったい) 절대
- □ **暗証番号**(あんしょうばんごう) 비밀번호

3 **다음 문장을 일본어로 써 보세요.**

1 하지 마라. (～な ～하지 마라)

⇒

2 별로 걱정하지 마. (あんまり 별로 | 心配(しんぱい)する 걱정하다)

⇒

3 여기부터 앞으로는 들어가지 마라. (ここから 여기부터 | 先(さき) 앞 | 入(はい)る 들어가다)

⇒

4 여기에 낙서하지 마라. (落書(らくが)きする 낙서하다)

⇒

5 아무 말도 하지 말라고 주의받았다. (しゃべる 말하다 | 注意(ちゅうい)する 주의하다)

⇒

6 아이처럼 변명을 하지 마. (～みたいに ～처럼)

⇒

7 내 몫까지 먹지 마. (分(ぶん) 분량, 몫 | ～まで ～까지)

⇒

8 농담이니까 오해하지 마. (冗談(じょうだん) 농담 | 誤解(ごかい)する 오해하다)

⇒

Words

1 다음 단어의 읽는 법을 히라가나로 적어 보세요.

正直	______	質問	______
上官	______	以外	______
冗談	______	庭	______
絶対	______	暗証番号	______
危険	______	大事	______

2 다음 일본어의 우리말 뜻을 적어 보세요.

コップ	______	しっかり	______
言(い)い訳(わけ)	______	いい加減(かげん)	______
まとめる	______	しまった	______
太(ふと)る	______	厳(きび)しい	______
機嫌(きげん)をとる	______	落書(らくが)き	______
しゃべる	______	後(あと)で	______

UNIT 07

母からもらった指輪です。

어머니에게 받은 반지예요.

Dialogue 1

1 CD를 들으면서 빈칸을 채워 보세요. 49

ノ・ダミ	高橋(たかはし)さんのストラップ、かわいいですね。
高橋	日本(にほん)にいた時(とき)に買(か)ったものですが、 気(き)に入(い)ったんだったら ________ 。
ノ・ダミ	えっ、本当(ほんとう)に ________ んですか。ありがとう。
高橋	あっ、それ、ペアリングじゃないですか。 彼氏(かれし)できたんですか。
ノ・ダミ	いえ、これは母(はは)から ________ 指輪(ゆびわ)です。

2 Dialogue와 Pattern Practice에 나온 어휘를 확인해 보세요.

- □ ストラップ 핸드폰 줄
- □ ペアリング 커플링
- □ 指輪(ゆびわ) 반지
- □ バレンタイン 발렌타인
- □ 母(はは)の日(ひ) 어머니의 날
- □ メッセージ 메시지
- □ ブーツ 부츠
- □ お土産(みやげ) 선물, 특산품
- □ 返事(へんじ) 답장
- □ 小遣(こづか)い 용돈

3 다음 문장을 일본어로 써 보세요.

1 정말 주시나요? (本当(ほんとう)に 정말로)

⇨ ______________________________

2 이건 어머니에게 받은 반지예요. (指輪(ゆびわ) 반지)

⇨ ______________________________

3 어머니가 준 반지입니다.

⇨ ______________________________

4 그녀에게 장미 꽃다발을 주었다. (バラの花束(はなたば) 장미 꽃다발)

⇨ ______________________________

5 빨리 답장을 줘서 고마워. (早(はや)く 빨리 | 返事(へんじ) 답장)

⇨ ______________________________

6 할머니에게 용돈을 받았습니다. (おばあさん 할머니 | お小遣(こづか)い 용돈)

⇨ ______________________________

7 이런 비싼 것을 받아도 됩니까? (高(たか)い 비싸다 | ～てもいい ~해도 된다)

⇨ ______________________________

8 그에게 선물을 줬습니다. (プレゼント 선물)

⇨ ______________________________

Dialogue 2

1　CD를 들으면서 빈칸을 채워 보세요. 53

千秋　今日(きょう)の試合(しあい)、最高(さいこう)でしたね！

高橋　やっぱり逆転勝(ぎゃくてんが)ちは気持(きも)ちいいですね。

ノ・ダミ　野球場(やきゅうじょう)に連(つ)れて ________ よかった！
野球(やきゅう)のルールはまだよく分(わ)からないですけど、千秋(ちあき)さんが解説(かいせつ)して ________ なんとか理解(りかい)できました。

千秋　それはよかったですね。

高橋　また一緒(いっしょ)に来(き)ましょうよ。
今度(こんど)は僕(ぼく)が解説(かいせつ) ________ 。

ノ・ダミ　はい、また連(つ)れてきてくださいね。

2　Dialogue와 Pattern Practice에 나온 어휘를 확인해 보세요.

- □ 逆転勝(ぎゃくてんが)ち　역전승
- □ 野球場(やきゅうじょう)　야구장
- □ ルール　룰, 규칙
- □ 解説(かいせつ)　해설
- □ 弱(よわ)い　약하다
- □ 負(ま)ける　지다
- □ 生(い)き方(かた)　살아가는 태도, 생활 방식
- □ 知(し)り合(あ)い　아는 사이, 지인
- □ 教材(きょうざい)　교재
- □ 作文(さくぶん)　작문
- □ お隣(となり)さん　이웃사람
- □ 預(あず)かる　맡다

3 **다음 문장을 일본어로 써 보세요.**

1 또 데려와 주세요. (連(つ)れてくる 데려오다)

⇨

2 차가우면 데워 드릴게요. (～たら ~하면 | 温(あたた)める 데우다)

⇨

3 바쁜데 와 줘서 고마워. (～のに ~한데)

⇨

4 머리를 잘랐습니다(커트를 받았습니다). (髪(かみ)をカットする 머리를 자르다)

⇨

5 좋은 일본어 교재를 소개받을 수 있어요? (教材(きょうざい) 교재 | 紹介(しょうかい)する 소개하다)

⇨

6 아버지에게 마사지를 해 드렸습니다. (マッサージ 마사지)

⇨

7 지인이 돈을 갚아 주지 않아요. (知(し)り合(あ)い 지인 | お金(かね)を返(かえ)す 돈을 갚다)

⇨

8 어머니에게 도시락을 만들어 받았습니다. (お弁当(べんとう)を作(つく)る 도시락을 만들다)

⇨

Words

1 다음 단어의 읽는 법을 히라가나로 적어 보세요.

指輪	______	祖母	______
野球場	______	解説	______
教材	______	作文	______
逆転	______	花束	______
返事	______	宅配	______

2 다음 일본어의 우리말 뜻을 적어 보세요.

ストラップ	______	ペアリング	______
メッセージ	______	小遣(こづか)い	______
ルール	______	母(はは)の日(ひ)	______
弱(よわ)い	______	負(ま)ける	______
生(い)き方(かた)	______	知(し)り合(あ)い	______
預(あず)かる	______	気(き)に入(い)る	______

UNIT

08 少々お待ちください。

잠시 기다려 주십시오.

Dialogue 1

1 CD를 들으면서 빈칸을 채워 보세요. 57

ノ・ダミ あのう、これ、ちょっと大(おお)きいサイズありますか。

店員 確認(かくにん)してみますので、こちらに ________________

少々(しょうしょう) ________________ 。

（しばらくして）

店員 お客様(きゃくさま)、大変(たいへん) ________________ 。

申(もう)し訳(わけ)ございませんが、このデザインの大(おお)きいサイズは

ただいま切(き)らしておりまして。

ノ・ダミ あ、そうですか。分(わ)かりました。どうも。

2 Dialogue와 Pattern Practice에 나온 어휘를 확인해 보세요.

- □ **少々**(しょうしょう) 약간, 조금
- □ **ただいま** 지금, 현재
- □ **切**(き)**らす** 바닥내다, 끊어지다
- □ **気軽**(きがる)**だ** 가볍다
- □ **しばらく** 잠시
- □ **足元**(あしもと) 발밑, 발치
- □ **申**(もう)**し訳**(わけ)**ない** 면목없다, 미안하다
- □ **お客様**(きゃくさま) 고객님

3 다음 문장을 일본어로 써 보세요.

1 이거, 좀 큰 사이즈 있어요? (サイズ 사이즈)

⇨

2 잠시 기다려 주십시오. (少々(しょうしょう) 잠시 | お+ます형+ください ~해 주십시오(존경))

⇨

3 오래 기다리셨습니다. (大変(たいへん) 매우, 대단히 | お+ます형+いたす ~하다(겸양))

⇨

4 몇 시쯤 돌아오십니까? (何時(なんじ)ごろ 몇 시쯤 | お+ます형+になる ~하시다(존경))

⇨

5 부담없이 연락 주십시오. (お気軽(きがる)に 부담없이 | ご+한자어+ください ~해 주십시오(존경))

⇨

6 뭔가 도와드릴까요? (何(なに)か 뭔가 | 手伝(てつだ)う 돕다 | お+ます형+する ~하다(겸양))

⇨

7 이쪽에서 전화 드리겠습니다. (こちらから 이쪽에서 | お+한자어+いたす ~하다(겸양))

⇨

8 요금에 대해 안내 드리겠습니다. (料金(りょうきん) 요금 | 案内(あんない) 안내 | ご+한자어+いたす ~하다(겸양))

⇨

Dialogue 2

1 CD를 들으면서 빈칸을 채워 보세요. 61

関口 はい、日本電産営業部(にほんでんさんえいぎょうぶ)でございます。

千秋 田中商事(たなかしょうじ)の千秋(ちあき) ＿＿＿＿＿＿＿＿ が、
山田課長(やまだかちょう)いらっしゃいますか。

関口 あ、千秋(ちあき)さん。いつも ＿＿＿＿＿＿＿＿＿＿ 。
あいにく山田(やまだ)は席(せき)を外(はず)しております。
戻(もど)りましたらこちらから折(お)り返(かえ)し ＿＿＿＿＿＿＿＿
伝(つた)えましょうか。

千秋 そうですか。それではよろしくお願(ねが)いいたします。
では、失礼(しつれい)します。

2 Dialogue와 Pattern Practice에 나온 어휘를 확인해 보세요.

- □ **商事**(しょうじ) 상사
- □ **課長**(かちょう) 과장
- □ **席**(せき)**を外**(はず)**す** 자리를 비우다
- □ **折**(お)**り返**(かえ)**し** 되짚어, 즉시
- □ **～通**(とお)**り** ~대로
- □ **校長**(こうちょう) 교장
- □ **お宅**(たく) 댁 (집·가정의 높임말)
- □ **ゴルフ** 골프
- □ **てんぷら** 튀김
- □ **ミュージカル** 뮤지컬

3 다음 문장을 일본어로 써 보세요.

1 항상 신세 지고 있습니다. (いつも 항상 | お世話(せわ)になる 신세를 지다)

⇨

2 야마다는 자리를 비우고 있습니다. (お席(せき)を外(はず)す 자리를 비우다)

⇨

3 잘 부탁드립니다. (お+ます형+いたす ~하다(겸양))

⇨

4 선생님이 말씀하신 대로입니다. (おっしゃる 말씀하시다 | ~通(とお)り ~대로)

⇨

5 한번 뵙고 싶습니다. (一度(いちど) 한번 | お目(め)にかかる 뵙다)

⇨

6 많이 드세요. (たくさん 많이 | 召(め)し上(あ)がる 드시다)

⇨

7 봐 주십시오. (ご覧(らん)になる 보시다)

⇨

8 어디에 살고 계십니까? (~に住(す)んでいる ~에 살고 있다 | いらっしゃる 계시다)

⇨

Words

1　다음 단어의 읽는 법을 히라가나로 적어 보세요.

少々	足元
商事	課長
校長	新製品
気軽	確認
案内	作品

2　다음 일본어의 우리말 뜻을 적어 보세요.

ただいま	切らす（き）
しばらく	申し訳ない（もう　わけ）
席を外す（せき　はず）	折り返し（お　かえ）
ゴルフ	てんぷら
あいにく	ミュージカル
召し上がる（め　あ）	お世話になる（せ　わ）

UNIT 01 ワインバーに行こうと思ってる。

Dialogue 1

1 行こうと / 誘おうと思ったんですが

3 1 ワインバーに行こうと思っています。
 2 よかったら一緒に行きませんか。
 3 田舎に引っ越そうと思っています。
 4 前向きに頑張ろうと思っています。
 5 仕事を辞めようと思っています。
 6 ダイエットしようと思っています。
 7 駅前で会おう。
 8 飲み会をしよう。

Dialogue 2

1 替えようと / 買おうかと / に比べて

3 1 ケータイを替えようと思っている。
 2 それを買おうかと思ったんですが。
 3 ちょっと高いかもしれません。
 4 元彼に電話してみようかと思ったんですが、やめました。
 5 予約をキャンセルしようかと思っています。
 6 中国は韓国に比べて物価が安いです。
 7 前に比べて仕事が忙しくなりました。
 8 結婚前に比べて体重が増えてしまいました。

Words

1 いなか / さいしんがた / よさん / みりょく / たさい / まんしつ / きほんりょうきん / もとかれ

2 권유하다, 꼬시다 / 적극적임, 긍정적임 / 취직 / 적당하다 / 줄다 / 늘다 / 눈이 나쁘다 / 계속되다 / 날다 / 이사하다 / 파일럿 / ~에 비해 / 물가 / 캔슬, 취소

UNIT 02 確かに大変そうです。

Dialogue 1

1 飼おうかなあ / 大変そうですが / 飼ってる

3 1 彼は恋人がいないそうです。
 2 彼は猫を飼っているそうです。
 3 雨が降りそうです。
 4 あの映画、面白そうじゃない？
 5 明日、雨が降るそうです。
 6 これが最近はやっているスタイルだそうです。
 7 疲れて死にそうです。
 8 彼女はかわいいし、性格もよさそうだ。

Dialogue 2

1 はまってて / のようですね / パンダみたいに

3 1 目の下にクマができています。
 2 何か悩みでも？
 3 夜遅くまでゲームをして。
 4 ゲーム中毒のようですね。
 5 毎日のようにお酒を飲んでいます。
 6 今日も、昨日のようないい天気です。
 7 みんないい人みたいです。
 8 症状が嘘みたいによくなりました。

Words

1 てきど / いんしゅ / ねぶそく / ふみんしょう / しょうじょう / にせもの / はんこうき / ちゅうどく / ごうかく / はで

2 기르다 / 돌보다 / 분명히, 확실히 / 낳다 / 수컷 / 유행하다 / 다크서클 / 고민하다 / 빠지다, 꼭 맞다 / 습관이 되다, 익숙해지다 / 꽤, 제법 / 새끼 고양이

UNIT 03 料理のできる男がモテるらしい。

Dialogue 1

1 モテるらしい / 自分らしく / 男らしい

3 1 彼は料理が上手だそうです。
2 大したことありません。
3 料理のできる男がモテるらしい。
4 料理教室に通ってみようかと思っています。
5 イタリア男性はすごく女性に優しいらしいです。
6 今年も就職が難しいらしいです。
7 子供は子供らしくないとかわいくない。
8 今年の冬は暖かくて冬らしくない。

Dialogue 2

1 生まれる予定なんです / 結婚するつもりです

3 1 できちゃった結婚ですか。
2 今年中に結婚するつもりです。
3 来年、日本へ留学する予定です。
4 明日の4時に試合が始まる予定です。
5 毎日ブログに日記を書くつもりです。
6 大学院に進学するつもりです。
7 夜8時以降は何も食べないつもりです。
8 来週出張に行く予定です。

Words

1 ばんぐみ / さいほうそう / ばしょ / しょうせつか / びょうき / ことしじゅう / いこう / じっか / しんがく / じぶん

2 대단한, 굉장한 / 다니다, 오가다 / 살다 / 인기가 있다 / 블로그 / 영국 / 태어나다 / 먼저 / 끝 / 햄버거 / 참가 / 겨울 방학

UNIT 04 時々恋人と誤解されるんです。

Dialogue 1

1 仲よさそうですね / 叱られたんですが / 誤解されるんです

3 1 父に叱られました。
2 時々恋人と誤解されます。
3 今は軍隊に入っています。
4 スピード違反をして、警察にとめられました。
5 友達に来られて、宿題はできませんでした。
6 泥棒に財布を取られました。
7 誰かに足を踏まれました。
8 約束に遅れて彼女に怒られました。

Dialogue 2

1 化粧を落とすと / 出られません / そう言われると

3 1 それほどじゃないです。
2 すっぴんでは外に出られません。
3 そう言われると恥ずかしいですね。
4 誰でも簡単に覚えられます。
5 カンヌ映画祭はフランスで開催されています。
6 地下鉄で財布を盗まれました。
7 仕事が忙しくて早く帰れません。
8 中学時代が懐かしく思い出されます。

Words

1 ぐんたい / せかいいち / あっか / けいさつ / どろぼう / けいざい / うんどうかい / すがお / かいさい / じだい / しちょう / かつどう

2 당황하다, 허둥거리다 / 속도 위반 / 밟다 / 화장을 지우다 / 생각해내다 / 그립다, 정답다 / 밀려 오다, 불러 모으다 / 뼈가 부러지다 / 염려하다, 생각하다 / 질척질척함, 엉망진창임

UNIT 05 僕に行かせてください。

Dialogue 1

1 首になった / 残業させるんですか / 行かせてください

3 1 首になったらしいです。
2 僕に行かせてください。
3 一言言わせてください。
4 ちょっと考えさせてください。
5 もう一度チェックさせてください。
6 何で塾に通わせるんですか。
7 明日は休ませてください。
8 その話、もっと詳しく聞かせてください。

Dialogue 2

1 泣かされましたが / 告白されました / 加入させられました

3 1 初恋の人が忘れられない。
2 彼に告白されました。
3 保険に加入させられました。
4 先輩にお酒を飲ませられました。
5 無理やり覚えさせられたことは、すぐに忘れます。
6 彼の演技に感動させられました。
7 子供は母親に嫌いな野菜を食べさせられました。
8 会社を辞めさせられるかもしれない。

Words

1 ひとこと / やさい / けんこう / じゅけん / はつこい / どうきゅうせい / ゆうき / ほけんがいしゃ / かんとく / おおぜい

2 해고되다 / 말투, 말씨 / 카피, 복사 / 자세하다 / 아직껏, 아직도 / 근무하다, 종사하다 / 전근하다 / 상의, 협의 / 체크 / 잔업, 야근 / 발표 / 회의실

UNIT 06 しっかりしなさい。

Dialogue 1

1 起きなさい / 起きられないんでしょう / しっかりしなさい

3 1 起きなさい。
2 ご飯食べて。

3 ちょっとしっかりしなさい。

4 正直に言って。

5 言い訳はやめて。

6 もういい加減にして。

7 遊んでばかりいないで勉強しなさい。

8 静かにしなさい。

Dialogue 2

1 するな / 大変そうだね / 心配しないで

3 1 するな。

2 あんまり心配しないで。

3 ここから先には入るな。

4 ここに落書きするな。

5 何もしゃべるなと注意された。

6 子供みたいに言い訳をしないで。

7 私の分まで食べないで。

8 冗談だから、誤解しないでね。

Words

1 しょうじき / しつもん / じょうかん / いがい / じょうだん / にわ / ぜったい / あんしょうばんごう / きけん / だいじ

2 컵 / 단단히, 꽉 / 변명 / 적당히 함, 알맞게 함 / 합치다, 정리하다 / 아차 / 살찌다 / 엄하다 / 비위를 맞추다 / 낙서 / 지껄이다, 재잘거리다 / 나중에

UNIT 07 母からもらった指輪です。

Dialogue 1

1 あげますよ / くれる / もらった

3 1 本当にくれるんですか。

2 これは母からもらった指輪です。

3 母がくれた指輪です。

4 彼女にバラの花束をあげた。

5 早く返事をくれて、ありがとう。

6 おばあさんからお小遣いをもらいました。

7 こんな高いものをもらってもいいですか。

8 彼にプレゼントをあげました。

Dialogue 2

1 きてもらって / くれたおかげで / してあげますから

3 1 また連れてきてください。

2 冷たかったら温めてあげます。

3 忙しいのに来てくれてありがとう。

4 髪をカットしてもらいました。

5 いい日本語教材を紹介してもらえますか。

6 父にマッサージをしてあげました。

7 知り合いがお金を返してくれないんです。

8 お母さんにお弁当を作ってもらいました。

Words

1 ゆびわ / そぼ / やきゅうじょう / かいせつ / きょうざい / さくぶん / ぎゃくてん / はなたば / へんじ / たくはい

2 핸드폰 줄 / 커플링 / 메시지 / 용돈 / 룰, 규칙 / 어머니의 날 / 약하다 / 지다 / 살아가는 태도, 생활 방식 / 아는 사이, 지인 / 맡다 / 마음에 들다

UNIT 08 少々お待ちください。

Dialogue 1

1 おかけになって / お待(ま)ちください / お待(ま)たせいたしました

3 1 これ、ちょっと大(おお)きいサイズありますか。
2 少々(しょうしょう)お待(ま)ちください。
3 大変(たいへん)お待(ま)たせいたしました。
4 何時(なんじ)ごろお帰(かえ)りになりますか。
5 お気軽(きがる)にご連絡(れんらく)ください。
6 何(なに)かお手伝(てつだ)いしましょうか。
7 こちらからお電話(でんわ)いたします。
8 料金(りょうきん)についてご案内(あんない)いたします。

Dialogue 2

1 と申(もう)します / お世話(せわ)になっております / お電話(でんわ)するよう

3 1 いつもお世話(せわ)になっております。
2 山田(やまだ)は席(せき)を外(はず)しております。
3 よろしくお願(ねが)いいたします。
4 先生(せんせい)がおっしゃった通(とお)りです。
5 一度(いちど)お目(め)にかかりたいです。
6 たくさん召(め)し上(あ)がってください。
7 ご覧(らん)になってください。
8 どちらに住(す)んでいらっしゃいますか。

Words

1 しょうしょう / あしもと / しょうじ / かちょう / こうちょう / しんせいひん / きがる / かくにん / あんない / さくひん

2 지금, 현재 / 바닥내다, 끊어지다 / 잠시 / 면목없다, 미안하다 / 자리를 비우다 / 되짚어, 즉시 / 골프 / 튀김 / 공교롭게도 / 뮤지컬 / 드시다, 잡수시다 / 신세를 지다

자르는 선

즐거운
일본어 수업을
위한

たのしい

타노시이 일본어 워크북

STEP 4

이 워크북은 본책에서 배운 내용을 복습하는 데 활용할 수 있습니다. 각 과의 주요 어휘가 정리되어 있어 들고 다니면서 외울 수 있습니다. Dialogue를 듣고 써 보는 딕테이션 훈련을 할 수 있으며, 본책에 나온 문장들을 작문해 볼 수도 있습니다.